Universum
6

Physik

Sachsen-Anhalt

Cornelsen

Universum Physik

Band 6 Gymnasium Sachsen-Anhalt

Autorinnen und Autoren:
Dr. Ana Alboteanu-Schirner, Sven Bengelsdorff, Ruben Brand, Ralf Buric, Dr. Christian Burisch,
Dr. Hans-Otto Carmesin, Anneke Emse, Werner Hasler, Dr. Horst Janz, Jens Kahle, Prof. Dr. Lutz Kasper,
Dr. Reiner Kienle, Ulf Konrad, Dr. Josef Küblbeck, Dr. Detlef Lauterjung, Susanne Lauterjung,
Thorsten Mitschke, Carl-Julian Pardall, Prof. Bruno Rager, Stefan Ronellenfitsch, Antonius Rübbelke,
Dr. Rüdiger Schülbe, Torsten Trumme, Dr. Gerhard Wenschkewitz, Dr. Ursula Wienbruch, Lutz Witte

Redaktion: Dr. Andreas Palmer, Markus Heim

Grafik: Franz Josef Domke, Hannover; Karin Mall, Berlin; Atelier tigercolor Tom Menzel, Scharbeutz/Klingberg;
newVISION! GmbH Bernhard A. Peter, Pattensen; ww-visuell Werner Wildermuth, Würzburg

Layoutkonzept, Umschlaggestaltung: SOFAROBOTNIK GbR, Augsburg & München

Layout und technische Umsetzung: Typo Concept GmbH, Hannover

Begleitmaterial zum Lehrwerk

E-Book	ISBN 978-3-06-420231-3
Arbeitsheft 6	ISBN 978-3-06-420233-7
Lösungen zum Schülerbuch	ISBN 978-3-06-420232-0
Kopiervorlagen, Teil 1	ISBN 978-3-06-420084-5
Editierbar zum Download	ISBN 978-3-06-012071-0
Kopiervorlagen, Teil 2	ISBN 978-3-06-420085-2
Editierbar zum Download	ISBN 978-3-06-012072-7
Kopiervorlagen, Teil 3	ISBN 978-3-06-420086-9
Editierbar zum Download	ISBN 978-3-06-012073-4
Begleitmaterial auf USB-Stick mit Unterrichtsmanager und E-Book auf scook	ISBN 978-3-06-011388-0

www.cornelsen.de

1. Auflage, 1. Druck 2017

Alle Drucke dieser Auflage sind inhaltlich unverändert
und können im Unterricht nebeneinander verwendet werden.

© 2017 Cornelsen Verlag GmbH, Berlin

Druck: Mohn Media Mohndruck, Gütersloh

ISBN 978-3-06-420230-6

INHALTSVERZEICHNIS

3

Die Naturwissenschaft Physik

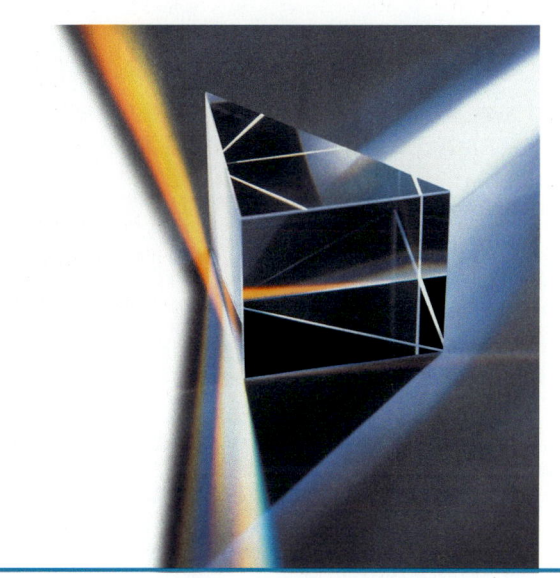

Strahlenoptik   16

Magnetismus 122

Mit deinem Buch arbeiten

1

So etwas hast du schon einmal gesehen und vielleicht Fragen dazu.

EIGENSCHAFTEN UND BEWEGUNG VON KÖRPERN

68

01 Ganz schön schwer, oder?

Masse und Volumen von Körpern

Wir sind von vielen verschiedenen Dingen ... nicht sagen. Wenn ...

2

Versuche helfen dir, Antworten zu finden.

01 Magnete auf Wagen

02 Magnetnadel

DIE POLREGEL · Was geschieht, wenn zwei Magnete zusammenkommen? In ▸ Bild 01 siehst du mögliche Versuchsanordnungen, mit deren Hilfe wir diese Frage beantworten können. Beide Magnete liegen jeweils auf einem Wagen. Ihre Pole sind farblich gekennzeichnet.

Im oberen Foto liegt zunächst der rot markierte Pol des linken Stabmagneten dem grün markierten Pol des rechten Stabmagneten gegenüber. Wir beobachten, dass sich die beiden Magnete aufeinander zubewegen: Sie ziehen sich also gegenseitig an.

Im unteren Teil von ▸ Bild 01 liegen sich gleichfarbige Pole gegenüber. Die beiden Magnete stoßen einander ab!

Jeder der beiden Magnete hat also offenbar zwei unterschiedliche Pole. Sie werden als **magnetischer Südpol** und **magne...** **Nordpol** bezeichnet. Man kenn... magnetischen Südpol in der ... den magnetischen Nordpol ...

3

Die Versuchsergebnisse führen dich zu allgemeinen Erkenntnissen. Diagramme stellen die Versuchsergebnisse übersichtlich dar.

50°	31°
60°	35°
70°	39°
80°	41°

02 Messwerte

...suchen wir folgende ...ändert sich der Brechungs-...winkel in Glas, wenn der Einfallswinkel in Luft verändert wird? Dazu verwenden wir eine Winkelscheibe wie im ▸ Bild 01. Wir messen für verschiedene Einfallswinkel α in Luft jeweils den Brechungswinkel β in Glas. ▸ Tabelle 02 zeigt die Messwerte.

Aus diesen Messwerten erstellen wir ein Diagramm (▸ Bild 03): In einem Koordinatensystem verwenden wir die waagerechte Achse für den Einfallswinkel α in Luft und

...rot dargestellt. Mit der Kurve können wir nun ablesen: Beim Einfallswinkel 45° ist der Brechungswinkel 28°.

Da der Lichtweg umkehrbar ist, können wir das Diagramm auch umgekehrt lesen. Wenn in Glas der Einfallswinkel 35° ist, dann ist in Luft der Brechungswinkel 60°.

Im ▸ Bild 04 ist der Zusammenhang zwischen Einfallswinkel und Brechungswinkel für verschiedene Übergänge dargestellt. Man erkennt leicht, dass Licht beim Übergang von Luft zu Diamant am stärksten gebrochen wird.

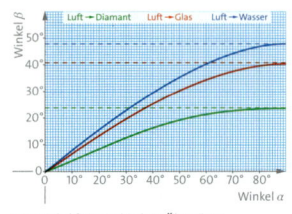

03 Messwerte werden im Diagramm dargestellt.

04 Winkel für verschiedene Übergänge

6

Hier kannst du selbst Versuche durchführen und mit Aufgaben deine Kenntnisse erweitern.

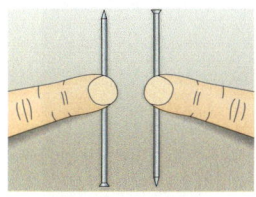

MATERIAL

VERSUCHE ► Magnetisieren und Entmagnetisieren

In den folgenden Versuchen untersuchst du, wie Magneten aufeinander einwirken.

V1 Magnetisiere Eisennägel

Material:
zwei Nägel aus Eisen mit möglichst kleinem Kopf, Magnet

Durchführung:
Magnetisiere die beiden Nägel. Nun schiebe die Nägel wie im Bild langsam aufeinander zu. Wenn die Nägel nur noch einen Zentimeter voneinander entfernt sind,

V2 Büroklammer am Faden

Material:
zwei Stabmagnete, Stativ, an einem Faden aufgehängte Büroklammer

Durchführung:
Nähere die an einem Faden hängende Büroklammer zunächst einem Stabmagneten. Die Klammer soll wie im Bild angezogen

V3 Ein Modell zum Anfassen

Material:
Reagenzglas, Eisenfeilspä... Kompassnadel, Stabm...

Durchführung:
Fülle das Reagenz... feilsp...

5

Im Methodenkasten lernst du die Arbeitsweisen der Physik kennen.

METHODE

Konstruktion von Bildpunkten

Um Bildpunkte bei Linsen zu konstruieren, machen wir einige Vereinfachungen:

1. Wir zeichnen Lichtbündel als Lichtstrahlen.
2. Wir zeichnen nur die drei besonderen Lichtstrahlen **Parallelstrahl, Mittelpunktstrahl** und **Brennpunktstrahl.**
3. Wir ersetzen die zweifache Brechung an den Grenzflächen der Linse durch eine einzige an der Mittelebene.

Dabei spielt es keine Rolle, ob die eingezeichneten Lichtstrahlen überhaupt die Linse treffen oder nicht, denn es handelt sich nur um Hilfslinien zur Konstruktion. Zwei Lichtstrahlen genügen dabei. Mit dem dritten Strahl kannst du prüfen, ob du korrekt gezeichnet hast.

1. Schritt: Zeichne die optische Achse, die Mittelebene, die Brennpunkte und den Gegenstandspunkt P.

2. Schritt: Zeichne den Parallelstrahl. Er wird an der Mittelebene zum Brennpunktstrahl.

3. Schritt: Zeichne den Mittelpunktstrahl. Der Schnittpunkt mit dem Brennpunktstrahl ergibt den Bildpunkt P′.

4. Schritt: Zeichne zur Kontrolle den Brennpunktstrahl. Er wird an der Mittelebene zum Parallelstrahl.

04 So konstruieren wir zum Gegenstandsp... ...en Bildpunkt P′

UNTERSCHIED...

4

Im Blickpunkt erfährst du, was das Thema mit dir und deiner Umwelt zu tun hat.

BLICKPUNKT

Sehen und gesehen werden

01 Beleuchtete Kreuzung

02 Der Schüler ist für den Fahrer nicht sichtbar.

Ob du auf dem Schulweg oder in deiner Freizeit unterwegs bist: Du musst dich im Straßenverkehr orientieren, auf andere Verkehrteilnehmer achten und in gefährlichen Situationen richtig reagieren. Deine Augen sind dabei wichtige Sinnesorgane, denn Licht w... im ...ßenverkehr vielfältig genutzt.

Hindernisse nehmen die Sicht · Nicht... sondern auch Hindernisse bringen... besondere Gefahren mit sich... nur dann sehen, wenn Lic...

Welterklärung – ein Urbedürfnis

8

01 Gewitterblitze

Seit Urzeiten will der Mensch seine Welt erklären, so auch den Blitz. Vor Jahrtausenden stellten sich die Menschen vor, der Blitz sei eine Waffe des Göttervaters Zeus. Das ist Mythologie. Seit einem viertel Jahrtausend erklärt man den Blitz durch Elektrizität. Das ist Physik.

Blitze in der Mythologie · Die Dichter des Altertums hielten die Vorstellungen von der Welt schriftlich fest:

Aber sobald Zeus die Titanen vom Himmel vertrieben hatte, gebar die Riesin Gaia einen Sohn, Typhon. Auf seinen Schultern hatte er hundert grausige Schlangen- und Drachenköpfe. Er wäre der schreckliche Herrscher der Menschen und Götter geworden. Doch da griff Zeus zu den Waffen, zu Donner und Blitz. Er versengte dem Scheusal die Häupter.

So schrieb der Dichter HESIOD um 700 v. Chr. in seinem Werk „Theogonie" über die Entstehung der Welt. Solche Geschichten gehören zur Mythologie.

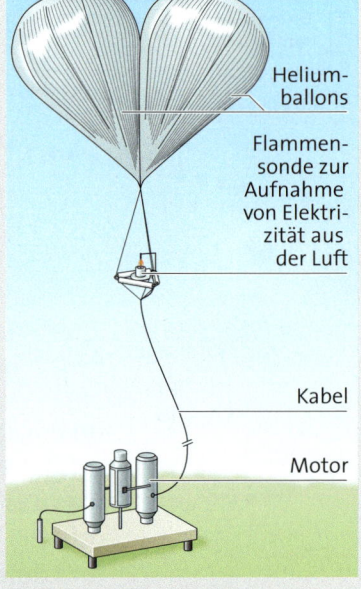

02 Zeus schleudert Blitze

Blitze in der Physik · BENJAMIN FRANKLIN beobachtete 1752, dass der Blitz aus einer Wolke kommt. Er vermutete, dass der Blitz etwas aus der Wolke in den Gegenstand transportiert, in den er einschlägt. Erst später konnte man nachweisen, dass er Recht hatte. Eine neuere Nachweismethode haben Studenten der Universität Konstanz entwickelt: Sie ließen gasgefüllte Ballons aufsteigen (▸ Bild 03). Ein Kabel führte von den Ballons zu einem speziellen Elektromotor und trieb diesen an. Da ein Elektromotor durch Elektrizität betrieben wird, muss in der Luft Elektrizität sein.

Vorsicht, bei Gewitter darfst du keinen Ballon aufsteigen lassen!

Heliumballons

Flammensonde zur Aufnahme von Elektrizität aus der Luft

Kabel

Motor

Physik erklärt Naturerscheinungen · Jemand vermutet, dass die Naturerscheinung einem physikalischen Prinzip entspricht. Das wird im Experiment überprüft.

03 Elektrizität in der Luft

Der Traum vom Fliegen

04 Möwe

Die Möwe gleitet entspannt durch die Luft. Schon immer hatten die Menschen den Traum, es den Vögeln gleichtun zu können. So versuchte schon IKARUS aus der griechischen Mythologie wie ein Vogel zu fliegen und stürzte ab.

Erste fliegende Menschen · Der Physiker JEAN-FRANÇOIS PILATRE und der Offizier FRANÇOIS D'ARLANDES flogen 1783 als erste Menschen. Doch woher hatten sie das Fluggerät? Die Brüder JOSEPH und JACQUES MONTGOLFIERE wussten, dass warme Luft aufsteigt. Sie bauten einen Ballon, der die heiße Luft eines Feuers auffängt.

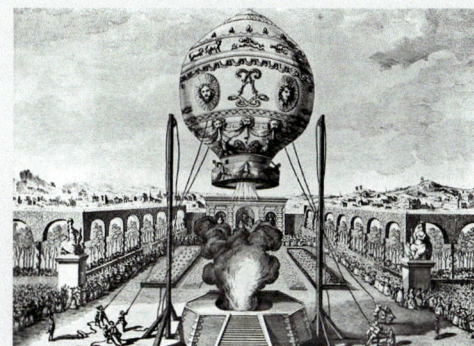

05 Heißluftballon

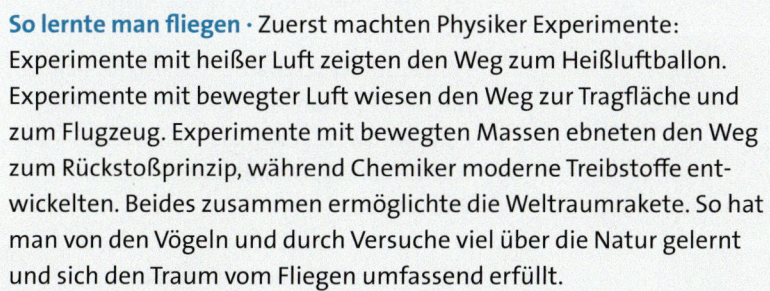

06 Gleitflug

Erster Gleitflieger · Der Experimentator OTTO LILIENTHAL ahmte die Flügelform der Vögel nach, entdeckte so die Tragfläche und führte viele Gleitflüge durch (▸ Bild 06). So entwickelte er die physikalischen Grundlagen heutiger Flugzeuge.

Erster Raumfahrer · Nachdem man das Flugzeug erfunden hatte, wollte man weiter fliegen als die Vögel – ins Weltall. Weil dort keine Luft ist, halfen keine Flügel, sondern das physikalische Prinzip des Rückstoßes (▸ Bild 07).

So lernte man fliegen · Zuerst machten Physiker Experimente: Experimente mit heißer Luft zeigten den Weg zum Heißluftballon. Experimente mit bewegter Luft wiesen den Weg zur Tragfläche und zum Flugzeug. Experimente mit bewegten Massen ebneten den Weg zum Rückstoßprinzip, während Chemiker moderne Treibstoffe entwickelten. Beides zusammen ermöglichte die Weltraumrakete. So hat man von den Vögeln und durch Versuche viel über die Natur gelernt und sich den Traum vom Fliegen umfassend erfüllt.

07 Raumfahrt

Die Natur aus der Sicht der Wissenschaften

Bis ins 16. Jahrhundert konnte ein Gelehrter das Wissen über die gesamte Natur überblicken. Doch je mehr Menschen die Natur untersuchten, desto umfangreicher wurde das Wissen. So bildeten sich nach und nach Wissenschaftszweige, die im Laufe der Zeit zu eigenständigen Wissenschaften wurden: Physik, Chemie, Biologie, Philosophie ... Jede Wissenschaft hat einen anderen Blick auf die Natur.

Die Natur, die du im Physik-, Chemie- oder Biologieunterricht betrachtest, ist stets dieselbe. Du setzt jedoch für jedes Fach gewissermaßen eine andere Brille auf, durch die du die gleichen Naturerscheinungen von einem anderen Standpunkt aus betrachtest. Auch Geisteswissenschaften wie Kunst oder Literatur sowie Sozialwissenschaften wie Politik oder Wirtschaft beschäftigen sich manchmal mit der Natur und betrachten sie aus ihren eigenen Blickwinkeln.

Betrachten wir am Beispiel des Wassers die verschiedenen Sichtweisen der Wissenschaften:

Die **Physik** untersucht, wie sich Wasser unter verschiedenen Bedingungen verhält, z. B. beim Erwärmen und Abkühlen.
Physikerinnen und Physiker prüfen auch, unter welchen Bedingungen Wasser elektrischen Strom leitet oder wie Körper beschaffen sein müssen, um auf Wasser schwimmen zu können.

Die **Chemie** untersucht die Eigenschaften des Wassers als Stoff. Sie beschreibt, wie sich Wasser gegenüber anderen Stoffen verhält.
So ist Wasser in der Chemie das häufigste Lösungsmittel. Die Chemie untersucht auch, wie Wasser aus anderen Stoffen gebildet wird.

Die **Biologie** erforscht das Zusammenspiel von Lebewesen und Wasser. Wasser stellt die Grundlage des Lebens dar, denn ohne Wasser ist kein Leben möglich. Biologinnen und Biologen untersuchen z. B. die Qualität von Trinkwasser und deren Auswirkung auf Lebewesen.

Die **Geografie** untersucht, wie Wasser die Landschaft formt und das Klima beeinflusst.
Politik und **Wirtschaft** beschäftigen sich mit dem Problem der Wasserknappheit, denn weltweit gehen die Trinkwasservorräte zurück, während der Bedarf an Wasser steigt.
In der **Literatur** steht Wasser häufig für Leben, Neubeginn oder Gefühle.

Physik und ihre Bedeutung

Physik beobachtet und erklärt Naturerscheinungen · Menschen haben sich schon seit Urzeiten Fragen zu Naturerscheinungen gestellt, die ihren Alltag begleitet haben. Sie wollten verstehen, wieso Wasser zu Eis wird, wie Mondphasen entstehen oder was Blitze sind. Aus dem Bedürfnis heraus, die Welt zu verstehen, entwickelte sich die Physik als ein Teil der Naturwissenschaften. Ihre Aufgabe ist, Naturerscheinungen zu beobachten und zu erklären. Die Erklärungen müssen in Experimenten überprüft werden.

Physik macht die Natur nutzbar · Die Menschen haben aber nicht nur Naturphänomene beobachtet und Erklärungen gesucht. Sie haben ihr so gewonnenes Wissen über die Natur auch verwendet, um diese nutzbar zu machen.
So führte zum Beispiel die Frage nach der Natur von Blitzen zur Untersuchung der Elektrizität. Infolgedessen kannst du heute überall elektrischen Strom benutzen.

Was bedeutet die Physik für dich? · Hast du dich auch schon über Erscheinungen aus deinem Alltag gewundert und dir Fragen wie im Bild unten gestellt? Solche Fragen kannst du mithilfe der Physik beantworten. Die Erklärungen zu Erscheinungen wie diesen findest du in diesem Buch.

Physikalische Größen aus dem Alltag

Aus dem Mathematik- und Sachkundeunterricht sind dir schon einige Größen bekannt, die auch in der Physik eine große Rolle spielen, z. B. die Länge, das Volumen, die Masse, die Zeit oder die Temperatur.
Bei der genauen Untersuchung physikalischer Zusammenhänge in Experimenten müssen oft physikalische Größen gemessen werden. Eine physikalische Größe wird als Produkt aus einem Zahlenwert und einer Einheit geschrieben.

	Physikalische Größe	=	Zahlenwert	·	Einheit
Beispiel:	**Länge**	=	**15**	·	**m**

Physikalische Größe	Einheit	Beispiele für Messgeräte
Länge	Meter (m)	Lineal, Bandmaß
Volumen	Kubikmeter (m^3)	Messzylinder
Masse	Kilogramm (kg)	Waage
Zeit	Sekunde (s)	Uhr

01 Die Messung physikalischer Größen erfolgt mit Messgeräten.

Beispiele für physikalische Größen bei einem menschlichen Körper

- Das Blutvolumen eines erwachsenen Menschen der Masse 78 kg beträgt etwa 6 dm^3 (6 l).

- Ein Tropfen (0,02 ml) seines Blutes enthält etwa 5 000 000 rote und 10 000 weiße Blutkörperchen.

- Die Länge aller seiner Blutgefäße beträgt etwa 100 000 km.

- Das Herz eines gesunden erwachsenen Menschen schlägt etwa 72-mal in 1 min.

- Pro Herzschlag werden 100 ml Blut durch den Körper gepumpt.

- Die Körpertemperatur eines gesunden Menschen beträgt 37 °C.

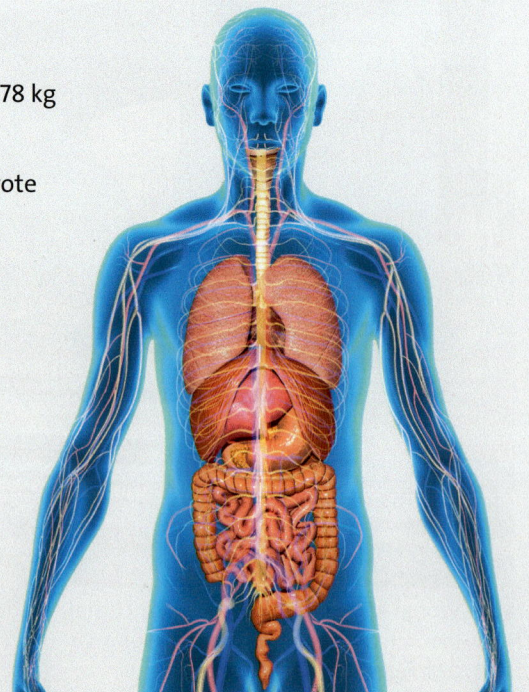

02 Menschlicher Körper

Teilgebiete der Physik

03 Kreuzfahrtschiff

04 Geige

05 Wasserspiegelung

Auf dem Wasser schwimmt ein großes Schiff aus schwerem Stahl. Warum geht es nicht unter?
Mit Musikinstrumenten lassen sich unterschiedliche Klänge erzeugen. Wie kommen sie zustande?
Auf einer glatten Wasseroberfläche spiegeln sich die Bäume und Berge. Wie entstehen diese Spiegelbilder?

Auf alle diese Fragen kann dir die Physik eine Antwort geben. Die Physik ist die Naturwissenschaft,
die Erscheinungen und Vorgänge in der Natur beschreibt und erforscht. Viele Ergebnisse werden
in der Technik angewandt. Andererseits sind technische Geräte die Voraussetzung für viele physikalische
Entdeckungen.

Die Physik wird in folgende Teilgebiete gegliedert:

Die **Optik** handelt vom Licht und vom Sehen.

Die **Wärmelehre** beschäftigt sich mit der Wärme und mit der Temperatur.

PHYSIK

In der **Mechanik** werden Bewegungen und Kräfte sowie die Eigenschaften von Körpern untersucht.

Die **Elektrizitätslehre** handelt von elektrischen Ladungen und vom elektrischen Strom.

In der **Atom- und Kernphysik** werden die kleinsten Teilchen der Materie untersucht.

Physik – Wie Naturwissenschaft funktioniert

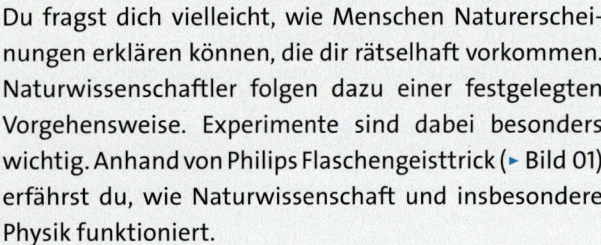

01   Philips Flaschengeisttrick

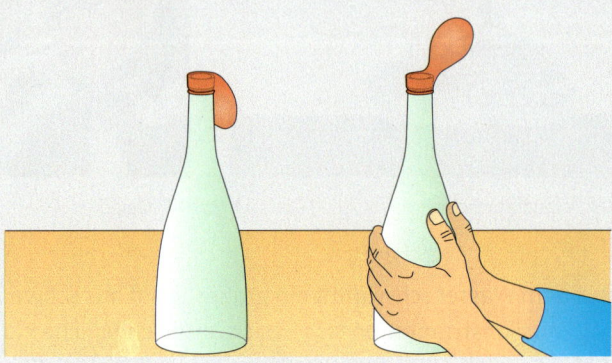

02   Überprüfung der Vermutung in einem Versuch

Du fragst dich vielleicht, wie Menschen Naturerscheinungen erklären können, die dir rätselhaft vorkommen. Naturwissenschaftler folgen dazu einer festgelegten Vorgehensweise. Experimente sind dabei besonders wichtig. Anhand von Philips Flaschengeisttrick (▸ Bild 01) erfährst du, wie Naturwissenschaft und insbesondere Physik funktioniert.

Staunen, Beobachten, Fragen stellen · Philip nimmt eine leere Flasche aus dem Kühlschrank und legt eine angefeuchtete Münze auf den Flaschenhals (▸ Bild 01). Anschließend umfasst er den Flaschenbauch mit seinen Händen. Nach einer Weile beginnt die Münze zu klappern. Philip wundert sich: Ist das Zauberei? Oder gibt es eine einfache Erklärung?
Die Physik beginnt nun mit einer genauen Beobachtung: Eine kalte Flasche wird mit den Händen umfasst. Kurz darauf wird die Münze angehoben und fällt auf den Flaschenhals zurück. Wir stellen die Frage: Was hebt die Münze an?

Vermutungen aufstellen · Du könntest vermuten, dass Philip zaubert. Diese Vermutung ist jedoch nicht nachprüfbar und daher aus physikalischer Sicht unbrauchbar. In der Physik gelten nur solche Vermutungen, die in Experimenten überprüft werden können. Wissenschaftler sprechen von Hypothesen.

Wir stellen für den Flaschengeisttrick eine wissenschaftliche Vermutung auf: Die kalte Luft in der Flasche wird durch die Hände erwärmt und steigt nach oben. Dadurch wird die Münze angehoben.

Experimente planen und Vorhersagen machen · Die Vermutung müssen wir nun mithilfe eines passenden Experiments überprüfen. Wenn die erwärmte Luft aufsteigt, müsste man dies auch an einem Luftballon sehen können, der über den Flaschenhals gezogen wird. Der Luftballon müsste sich mit der aufsteigenden Luft füllen.

Experimente durchführen und auswerten · Philip führt das Experiment durch (▸ Bild 02) und beobachtet, dass sich der Luftballon tatsächlich füllt. Unsere Vermutung wird also durch Philips Versuch bestätigt.
Philips Bruder möchte die Vermutung selbst überprüfen und wiederholt das Experiment. Doch er hält die Flasche zufällig anders: Die Öffnung zeigt nun nach unten (▸ Bild 03). Auch jetzt füllt sich der Luftballon mit Luft. Das ist merkwürdig, denn wir haben angenommen, dass sich der Luftballon aufbläht, weil die warme Luft nach oben steigt. Unsere Vermutung kann also so nicht stimmen: Sie wurde widerlegt.
Wir stellen daher eine weitere Vermutung auf: Die kalte Luft in der Flasche wird durch die Hände erwärmt und

03 Wiederholung des Versuchs widerlegt die Vermutung.

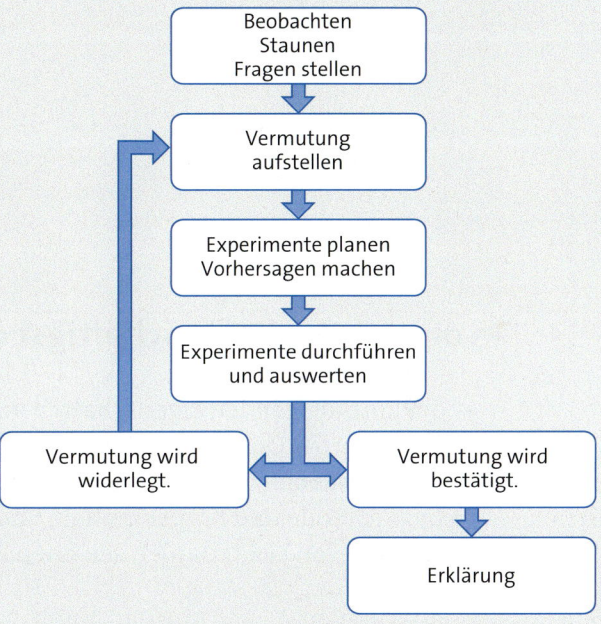

04 Wie Naturwissenschaft funktioniert

dehnt sich aus. Dadurch drückt sie die Münze nach oben. Im Experiment würde sich der Luftballon mit Luft füllen, unabhängig von der Richtung, in die die Flaschenöffnung zeigt. Genau dies beobachten wir in den Versuchen. Unsere zweite Vermutung wird also durch beide Experimente bestätigt. Wir haben nun eine physikalische Erklärung für Philips Flaschengeisttrick gefunden: Die warme Luft dehnt sich aus und drückt die Münze nach oben.

Die naturwissenschaftliche Vorgehensweise · Unsere Vorgehensweise beim Flaschengeisttrick folgt einer allgemeinen naturwissenschaftlichen Methode (▶ Bild 04). Zunächst beobachtest du das Phänomen genau und formulierst dazu eine Frage. Anschließend stellst du eine Vermutung auf. Bevor du deine Vermutung im Experiment überprüfst, überlegst du, wie sich diese im Experiment auswirken wird. Erst dann führst du das Experiment durch und vergleichst das Ergebnis mit deiner Vorhersage. Stimmen Ergebnis und Vorhersage überein, kannst du mit deiner Vermutung deine Beobachtungen erklären. Stimmen Ergebnis und Vorhersage nicht überein, ist deine Vermutung widerlegt und du musst dir eine neue Vermutung überlegen.
Manchmal stellen spätere Beobachtungen deine Erklärung erneut in Frage. Dann musst du wieder eine neue Vermutung aufstellen.

1 ⌡ Funktioniert Philips Flaschengeisttrick auch, wenn die Flasche vorher nicht im Kühlschrank lag? Gehe wie ein Naturwissenschaftler vor.
a) Führe den Trick mit einer ungekühlten Flasche durch und beobachte genau.
b) Stelle eine Vermutung auf, die deine Beobachtung erklärt.
c) Überlege dir ein Experiment. Was müsstest du beobachten, wenn deine Vermutung richtig wäre?
d) Führe das Experiment durch und werte es aus.

2 ⌡ Du hast sicherlich schon beobachtet, dass beim Kochen von Reis das Wasser immer weniger wird. Am Ende ist es ganz verschwunden. Versuche dich selbst einmal als Naturwissenschaftler:
a) Formuliere eine Frage zu dieser Beobachtung.
b) Stelle eine Vermutung auf.
c) Mache Vorhersagen und überprüfe sie.

Strahlenoptik

In diesem Kapitel beschäftigst du dich mit

- den grundlegenden Eigenschaften von Licht. Du erfährst dabei, wie sich Licht von der Quelle zum Empfänger ausbreitet. Dabei kannst du vieles über das Sehen erfahren. Du lernst, wie sich Licht beim Auftreffen auf Gegenstände und Körper verhält, und wie man die Ausbreitung von Licht mithilfe von Lichtstrahlen zeichnen kann.

- der Entstehung von optischen Bildern. Du lernst mithilfe von Lichtstrahlen optische Bilder zu konstruieren..

- der Funktionsweise einer Lochkamera und erfährst, wie ein Fotoapparat Bilder macht.

01 Radfahrer im Straßenverkehr

Licht und Sehen

Wenn du im Dunkeln draußen unterwegs bist, bist du nicht immer gut zu sehen. Auch du kannst nicht alles um dich herum gleich gut sehen. Wann kann man überhaupt etwas sehen und wann sieht man gar nichts?

WANN KANN MAN ETWAS SEHEN? · Zum Sehen braucht man nicht nur Augen, sondern auch Licht. Wenn es ganz dunkel ist, sieht man mit den besten Augen nichts. In einer Situation wie in ▶ Bild 01 siehst du also nur dann etwas, wenn Licht von den Scheinwerfern, vom Radfahrer, von der Straße oder von den Reflektoren in dein Auge gelangt.

SELBSTLEUCHTEND? BELEUCHTET? · Die Autoscheinwerfer leuchten selbst. Selbstleuchtende Körper nennt man in der Physik Lichtquellen. Die Scheinwerfer beleuchten Straße und Radfahrer. Beide reflektieren das Licht, das auf sie fällt, in verschiedene Richtungen (▶ Bild 02). Wenn dieses reflektierte Licht in dein Auge gelangt, dann kannst du Straße und Radfahrer sehen. Allgemein können wir sagen:

Lichtquelle
(z. B. Scheinwerfer)

Lichtempfänger
(z. B. Auge)

1)

2)

2)

Gegenstand
(z. B. Radfahrer)
reflektiert das Licht
in alle Richtungen.

02 Zwei Fälle beim Sehvorgang:
1) Licht gelangt direkt von der Lichtquelle ins Auge
2) Licht trifft auf einen nicht selbstleuchtenden Gegenstand und ein Teil des Lichts gelangt von dort ins Auge.

> /// Du kannst selbstleuchtende und beleuchtete Körper nur dann sehen, wenn das von ihnen ausgehende Licht in dein Auge gelangt.

KANN MAN LICHT SEHEN? · Wenn du an einem sonnigen Morgen durch den Wald gehst und der Frühnebel noch zwischen den Bäumen hängt, sieht es so aus, als ob du Sonnenstrahlen sehen könntest (▸ Bild 03). Mit dem folgenden Versuch wollen wir dies genauer untersuchen.

In einem völlig abgedunkelten Raum leuchten wir mit einem Laser auf eine Wand (▸ Bild 04). Im Gegensatz zur Szene im Wald können wir den Weg des Lichts nicht erkennen. Wir beobachten lediglich einen roten Fleck an der Wand. Das Laserlicht wird von der Wand reflektiert, sodass ein Teil davon in unser Auge gelangt. Zwischen Laser und Wand können wir kein Licht sehen.

Der Frühnebel im Wald besteht aus vielen kleinen Wassertröpfchen. Wenn wir nun wie im Wald Wassertröpfchen zwischen Laser und Wand sprühen, dann wird der Lichtweg auch zwischen Laser und Wand sichtbar: Denn Licht, das auf dem Weg zur Wand auf Wassertröpfchen trifft, wird in alle Richtungen reflektiert. Ein Teil des reflektierten Lichts gelangt dann in unser Auge (▸ Bild 05).

/// Du kannst das Licht auf seinem Weg nicht sehen. Du siehst nur das Licht, das unterwegs von anderen Körpern in dein Auge reflektiert wird.

03 Sonnenlicht im Wald

1) **a)** Nenne fünf selbstleuchtende Körper.
b) Überlege, ob bei den fünf Körpern aus Teilaufgabe a die gesamten Körper selbst leuchten. Wenn das nicht der Fall ist, dann benenne die selbstleuchtenden Teile.
c) Entscheide, ob der Mond zu den selbstleuchtenden Körpern gehört. Begründe.

2) **a)** Nenne einen Körper, den du gerade sehen kannst, und begründe, warum du diesen Körper sehen kannst.
b) Nenne einen Körper, den du gerade nicht sehen kannst, und begründe, warum du diesen Körper nicht sehen kannst.

04 Der Laserstrahl ist unsichtbar. Wir sehen nur die Stelle, wo er auf die Wand trifft.

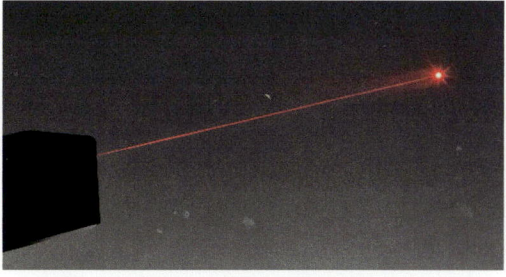

05 Wenn wir Wassertröpfchen in den Strahl sprühen, dann können wir den Weg des Lichts sehen.

01 Lichtbündel breiten sich geradlinig aus.

gen: In einem verdunkelten Raum überdecken wir eine Lampe mit einer durchlöcherten Alufolie. Wenn wir Mehl in der Nähe der Lampe zerstäuben, dann sehen wir, wie das Licht der Lampe aus den Löchern heraustritt. Wir erkennen dann schmale **Lichtbündel,** die sich geradlinig in den Raum ausbreiten.

/// Licht breitet sich geradlinig aus.

1) Erkläre, warum du die Lichtbündel in ► Bild 01 sehen kannst. Überlege dir mit einem Partner ein Experiment, mit dem ihr die geradlinige Ausbreitung von Licht untersuchen könnt. Stellt euer Experiment der Klasse vor.

2) Nenne Alltagssituationen, in denen die geradlinige Lichtausbreitung auffällt.

WIE BREITET SICH LICHT AUS? · Wenn du auf deinem Waldspaziergang den Weg des Lichts genau beobachtest, sieht es so aus, als würde es sich geradlinig ausbreiten. Mit dem Versuch in ► Bild 01 können wir dies bestäti-

/// **METHODE** //

Wie zeichnet man Licht? – Das Lichtstrahlmodell

Du findest viele Zeichnungen, in denen die Ausbreitung von Licht dargestellt wird. Wie zeichnet man Licht eigentlich?

Im Foto (► Bild 02 A) sehen wir Lichtbündel, die von einer Lichtquelle ausgehen. In der Zeichnung (► Bild 02 B) stellen wir die Lichtbündel als gelbe Flächen dar. Diese Flächen sind scharf begrenzt. Wir kennzeichnen die Begrenzungen durch rote Linien (► Bild 02 C). Da Licht sich geradlinig ausbreitet, können wir die Be-

grenzungslinien nach hinten bis zur Lichtquelle verlängern. Wir geben der roten Linie noch eine Pfeilspitze. Diese rote Linie mit der Pfeilspitze nennt man in der Physik einen **Lichtstrahl.** Die Lichtstrahlen, die die gelbe Fläche begrenzen, heißen Randstrahlen. Ist die Breite eines Lichtbündels wichtig, verwenden wir diese Randstrahlen. Wenn du nur die Ausbreitungsrichtung des Lichts angeben möchtest, genügt es, einen Lichtstrahl in der Mitte des Lichtbündels zu zeichnen (► Bild 02 D).

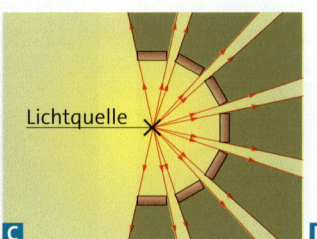
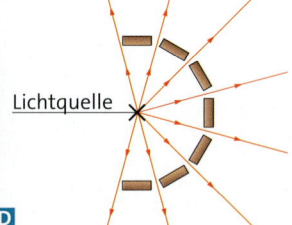

02 So zeichnet man Licht – vom Foto zum Lichtstrahl.

VERSUCHE ▶ In die Röhre schauen

Hier probierst du aus, wie du eine Pappröhre halten musst, damit das Licht einer Taschenlampe durch sie hindurchfällt.

Material:

Pappröhre, Taschenlampe, Tisch, leicht abgedunkelter Raum

Durchführung:

V1 Lege die Taschenlampe auf einen Tisch und nimm die Pappröhre in die Hand. Die Pappröhre soll mindestens 10 cm von deinem Auge und von der Taschenlampe entfernt sein. Betrachte die Taschenlampe durch die Pappröhre hindurch.

a) Beschreibe, wie du die Pappröhre halten musst, damit das Licht auch tatsächlich durch sie hindurchgelangt.
b) Beschreibe den Weg des Lichts.

V2 Stell dir folgende Situation vor: Das Licht der Taschenlampe soll durch zwei Pappröhren hindurch an die Wand gelangen. Dabei sollen die Pappröhren etwa 20 cm voneinander entfernt sein. Sie sollen sich auch nicht direkt an der Wand oder an der Taschenlampe befinden. Fertige eine Skizze von der Situation an.

Material A ▶ Wer sieht wen?

03 Auf der Bühne

A1 Die dunkle Bühne in ▶ Bild 03 wird von zwei Lampen beleuchtet. Die drei Schauspieler stehen am vorderen Bühnenrand. Tina kann Marco sehen, weil das Licht von Marco in Tinas Auge gelangt. Tina kann Eva nicht sehen, weil das Licht von Eva nicht in Tinas Auge gelangt.

a) Wenn Tina Marco sehen kann, ist Tina dann auch für Marco sichtbar?
b) Im Text stehen zwei Sätze über Tina. Schreibe ähnliche Sätze für Eva und Marco auf.
c) Die linke Lampe geht aus. Schreibe für diese Situation pro Schauspieler einen Satz auf.

Material B ▶ Violas Geburtstag

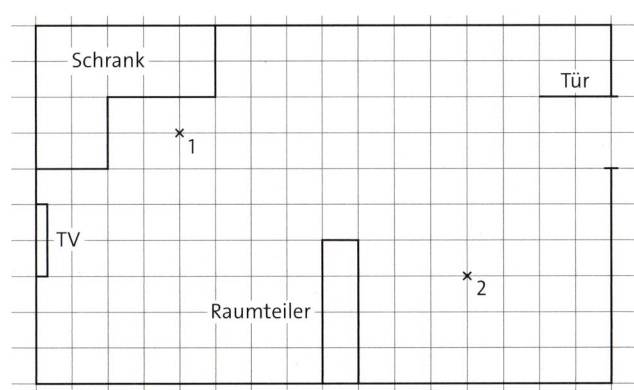

04 Violas Zimmer

Auf Violas Geburtstagsfeier gibt es einen Karaokewettbewerb.

B1 a) Begründe, warum man in ▶ Bild 04 von Punkt 1 den Fernseher sehen kann und warum man von Punkt 2 den Fernseher nicht sehen kann.
b) Wo können sich Violas Freundinnen hinsetzen oder hinstellen, damit sie den ganzen Fernseher im Blick haben? Übertrage die Zeichnung in dein Heft und schraffiere die Bereiche, von denen aus man den ganzen Fernseher sehen kann.
Tipp: Zeichne die Randstrahlen.

01 Kopfball mit einem Apfel?

Licht und Schatten

An der Wand sieht es so aus, als würde Anna einen Fußball köpfen. Tatsächlich ist es gar kein Ball, sondern ein Apfel. Wie kann es sein, dass der Schatten des Apfels viel größer ist als der Apfel selbst?

DAS SCHATTENBILD · Anna und der Apfel werden von vorne von einer Lampe beleuchtet. Auf der Wand entsteht das, was wir im Alltag als Schatten bezeichnen. In der Physik verwendet man dafür den Begriff **Schattenbild.** Das Schattenbild entsteht durch das Licht, das an Anna und dem Apfel vorbeigeht. Denn durch Anna und den Apfel dringt kein Licht hindurch. Sie sind **lichtundurchlässig.**

Das Schattenbild vom Apfel hat zwar einen ähnlichen Umriss wie der Apfel, aber nicht dieselbe Größe. Wovon hängt die Größe des Schattenbilds ab? Dies können wir mit einem einfachen Versuch herausfinden.

GRÖSSE DES SCHATTENBILDS · Im ▸ Bild 02 siehst du den Versuchsaufbau mit einer Kerze als Lichtquelle, einem Klotz als lichtundurchlässigem Körper und einer Leinwand. Wir können die Anordnung leicht verändern, indem wir z. B. die Lichtquelle dichter an den Körper heranschieben. Wenn wir die Entfernung zwischen Lichtquelle und Körper verringern, dann beobachten wir, dass das Schattenbild größer wird. Wir halten fest:

/// Je näher die Lichtquelle dem lichtundurchlässigen Körper kommt, desto größer wird sein Schattenbild.

Wenn wir hingegen die Leinwand dichter an den Körper heranschieben, dann beobachten wir, dass das Schattenbild kleiner wird.

/// Je näher die Wand dem lichtundurchlässigen Körper kommt, desto kleiner wird das Schattenbild.

02 Klotz vor einer Kerze

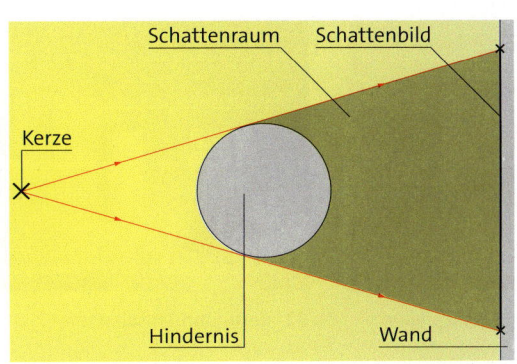

03 Konstruktion des Schattenbilds mit Lichtstrahlen

04 Im Schattenraum

DER SCHATTENRAUM · Nicht nur das Schattenbild, sondern auch der Raum zwischen dem Körper und der Wand wird nicht von der Lichtquelle beleuchtet. Dieser Raum wird im Alltag ebenfalls Schatten genannt. Wir bezeichnen ihn genauer als **Schattenraum.** Wenn du dich im Schattenraum befindest, dann kannst du die Lichtquelle nicht sehen, weil kein Licht von ihr in dein Auge gelangt. Die Person in ► Bild 04 kann lesen, obwohl sie sich im Schattenraum des Schirms befindet, weil der Himmel das Buch beleuchtet.

SCHATTEN UND RANDSTRAHLEN · Mit Lichtstrahlen lassen sich leicht genaue Vorhersagen darüber treffen, wo und wie groß ein Schattenraum oder Schattenbild sein wird. Dazu zeichnest du eine Skizze wie in ► Bild 03. Ausgehend von der Lichtquelle zeichnest du dann nur diejenigen Lichtstrahlen ein, die gerade noch am Körper vorbeigehen. Diese Strahlen heißen Randstrahlen. Sie grenzen sowohl den Schattenraum als auch das Schattenbild von den beleuchteten Bereichen ab.

///// **METHODE** //

Immer nur eine Größe ändern!

Beim Versuch zum Schattenbild haben wir den Körper nicht verschoben. Wir haben ganz bewusst die Kerze näher an den Körper gebracht. Warum?

Wenn wir herausfinden wollen, ob die Größe des Schattenbildes vom Abstand der Kerze zum Körper abhängt, dann dürfen wir auch nur diesen Abstand verändern (► Bild 05 B). Wenn wir dazu aber den Körper statt der Kerze verschieben, verändern wir nicht nur der Abstand zwischen Kerze und Körper,

sondern gleichzeitig den Abstand zwischen Körper und Leinwand (► Bild 05 C). Ändern wir zwei Größen gleichzeitig, können wir nicht unterscheiden, welche Folgen die einzelnen Veränderungen haben. Hier wird ein grundlegendes Prinzip beim Experimentieren deutlich:

Achte darauf, dass du immer nur eine physikalische Größe veränderst. Sonst kannst du aus deinen Beobachtungen keine eindeutige Abhängigkeit ableiten.

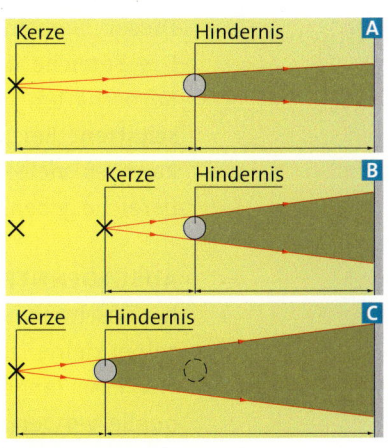

05 **A** Ausgangssituation, **B** Kerze verschoben, **C** Hindernis verschoben

01 Zwei Schatten bei zwei Lichtquellen

02 Kern- und Teilschatten

03 Schatten bei ausgedehnter Lichtquelle

ZWEI SCHATTENBILDER · Manchmal gibt es mehrere Schattenbilder. Wenn ein lichtundurchlässiger Körper von zwei Lichtquellen beleuchtet wird, dann kann es sein, dass man auf der Wand zwei Schattenbilder erkennt (▸ Bild 01). Das linke Schattenbild entsteht, weil dorthin kein Licht von der rechten Lichtquelle gelangt. Das rechte Schattenbild entsteht, weil dorthin kein Licht von der linken Lichtquelle gelangt.

KERNSCHATTEN · Wenn wir den Abstand zwischen den Lichtquellen verringern, dann sehen wir an der Wand, dass sich die beiden Schatten übereinanderschieben (▸ Bild 02). Dabei entsteht ein besonders dunkler Bereich. Dorthin gelangt weder Licht von der rechten noch von der linken Lichtquelle. Diesen Bereich nennt man **Kernschatten.** Die Bereiche des Schattens, die nicht zum Kernschatten gehören, nennt man **Teilschatten.** Bei mehr als zwei Lichtquellen kann es viele verschieden helle Schattenbereiche geben.

AUSGEDEHNTE LICHTQUELLEN · In den bisher beschriebenen Versuchen haben wir einzelne, kleine Lichtquellen verwendet. Wenn wir eine lange Leuchtstoffröhre als Lichtquelle verwenden, dann sind die Schattenränder unscharf (▸ Bild 03). Im Modell kannst du dir vorstellen, eine Leuchtstoffröhre sei aus vielen einzelnen, dicht nebeneinander-

liegenden Lichtquellen aufgebaut. Das hat zur Folge, dass wir die einzelnen Schattenbilder nicht mehr getrennt wahrnehmen können. Das Schattenbild wird wieder schärfer, je weiter wir die ausgedehnte Lichtquelle vom Körper wegrücken. Das kannst du z.B. tagsüber bei Sonnenschein und nachts bei Vollmond beobachten. Sonne und Mond sind so weit von uns entfernt, dass sie uns wie einzelne, kleine Lichtquellen erscheinen und scharfe Schatten erzeugen.

/// Mehrere Lichtquellen erzeugen Teil- und Kernschatten. Unscharfe Schatten entstehen durch ausgedehnte Lichtquellen.

1 ⌡ Erläutere, was in ▸ Bild 01 verändert werden muss, damit das rechte Schattenbild größer wird als das linke.

2 ⌡ Beschreibe, was du tun musst, damit dir das Schattenbild deiner Finger „Hasenohren" macht, wie es in ▸ Bild 04 zu sehen ist. Stelle die Szene nach.

04 „Hasenohren"

VERSUCHE ► Veränderungen von Schattenbildern

Schattenbilder lassen sich verändern, indem man die Abstände zwischen Lichtquelle, Gegenstand und Wand verändert. Im Folgenden wendest du deine Kenntnisse an, um konkrete Aufgaben zu lösen.

Material:
zwei gleiche Lichtquellen (z. B. zwei Teelichter oder Taschenlampen ohne Reflektor), ein Bauklotz, Pappe, ein abgedunkeltes Zimmer

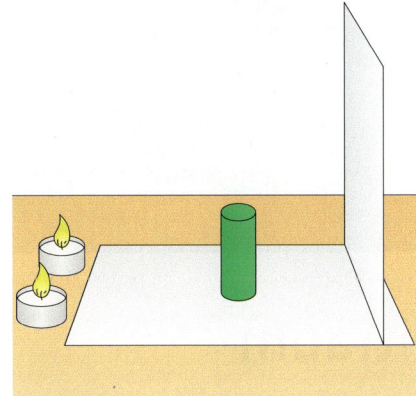

V1 Zwei Lichtquellen – viele Schatten

Durchführung:
Stelle zwei Lichtquellen nebeneinander, falte ein Stück Pappe zu einem Schirm und setze einen Gegenstand zwischen die Lichtquellen und den Schirm.
a) Beobachte, wo Kern- und Teilschatten entstehen. Stelle die Lichtquellen so auf, dass die Teilschatten möglichst klein werden.

b) Verschiebe die Lichtquellen so, dass der Kernschatten möglichst klein wird.
c) Ermittle, wo Lichtquellen und Gegenstand stehen müssen, damit zwei möglichst gleich große Teilschatten entstehen. Skizziere deine Anordnung und formuliere eine Antwort in der Form „Wenn …, dann sind die Teilschatten gleich groß".

V2 Küken im Ei

Durchführung:
a) Beleuchte den Pappschirm mit den Lichtquellen. Stelle ein ausgeschnittenes Pappküken und ein Ei so auf, dass das Schattenbild des Eies das Schattenbild des Kükens vollständig überdeckt.

b) Beschreibe dein Vorgehen bei der Lösung von Versuchsteil a.
c) Überlege, welche der beiden Lichtquellen du ausschalten musst, damit nur das Schattenbild des Kükens bzw. des Eies zu sehen ist. Überprüfe deine Überlegung.

Material A ► Schatten auf dem Spielfeld

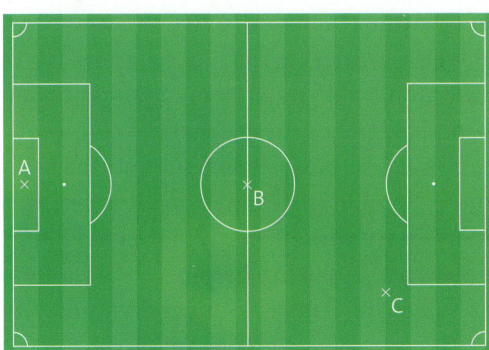

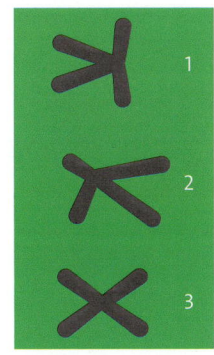

Das Bild zeigt die Positionen von drei Spielern auf einem beleuchteten Fußballplatz. Daneben siehst du die Schatten der Spieler auf dem Rasen.

A1 Betrachte die Schatten der Spieler. Von wie vielen Flutlichtern werden die Spieler angestrahlt? Begründe deine Aussage.

A2 Ordne die Schatten der Spieler jeweils den Positionen auf dem Spielfeld zu. Überlege zunächst, wo die Flutlichter stehen.

01 Phasen der totalen Sonnenfinsternis vom 11.8.1999, die auch in Deutschland sichtbar war.

Licht und Schatten im Weltraum

Eine Sonnenfinsternis ist ein beeindruckendes Naturschauspiel.
Wie entstehen Sonnen- und Mondfinsternisse?

02 Totale Sonnenfinsternis, vom Weltraum aus gesehen

MONDSCHATTEN AUF DER ERDE · In ▸ Bild 01 schiebt sich der Neumond als schwarze Scheibe vor die Sonne, bis er sie vollständig verdeckt. Den Schatten, den er dabei auf die Erde wirft, haben Astronauten von einem Raumschiff aus fotografiert (▸ Bild 02). Du kannst erkennen, dass der Schatten nur in der Mitte ganz dunkel ist. Dorthin gelangt kein Sonnenlicht. Dieser Bereich ist der Kernschatten des Mondes. Er hat einen Durchmesser von höchstens 300 Kilometer. Somit bedeckt er nur eine kleine Fläche auf der Erde. Die Menschen, die sich dort befinden, können etwa 7 Minuten lang eine **totale Sonnenfinsternis** wie in ▸ Bild 01 beobachten.

In ▸ Bild 03 siehst du, dass es außer dem Kernschatten auch noch weitere Schattenräume gibt. Menschen, die sich innerhalb des Teilschattens befinden, sehen die Sonne nur teilweise verdeckt. Der Teilschatten ist in ▸ Bild 02 als hellgrauer Bereich rund um den Kernschatten herum zu sehen.

Totale Sonnenfinsternisse sind selten. An einem bestimmten Ort auf der Erde kommt es etwa alle 200 Jahre dazu.
Die nächste totale Sonnenfinsternis in Deutschland erwarten wir am 03.09.2081.

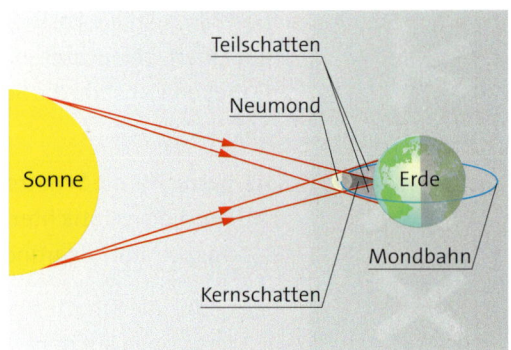

03 Schattenräume bei einer Sonnenfinsternis

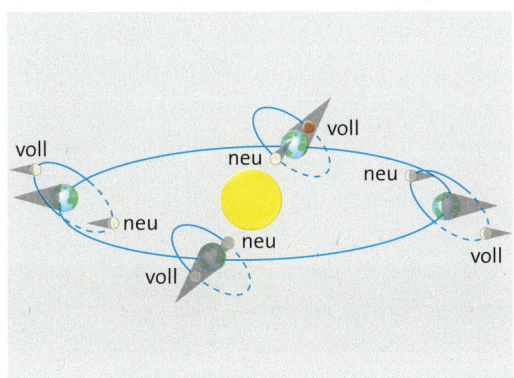

04 Bahnen von Mond und Erde

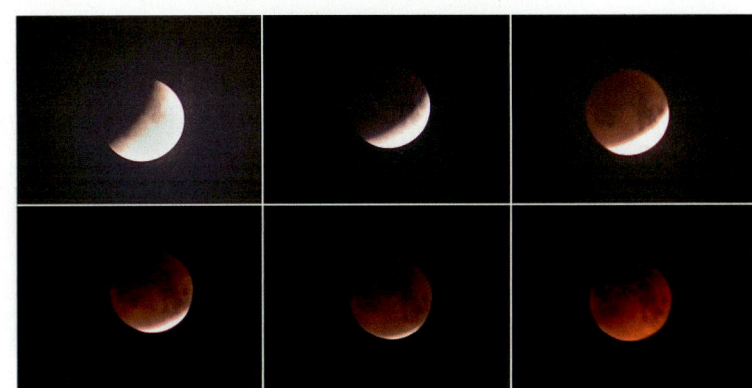

05 Verlauf einer Mondfinsternis

WIE HÄUFIG SIND SONNENFINSTERNISSE · Weltweit gib es von 2014 bis 2028 dreißig Sonnenfinsternisse, von denen nur sechs total sind – bei den anderen fällt nur der Teilschatten des Mondes auf die Erde **(partielle Sonnenfinsternis).** Sonnenfinsternisse lassen sich also nur etwa alle sechs Monate beobachten. Warum sind sie so selten?

Die Antwort auf diese Frage liefert ein Blick auf die Lage der Mondbahn (▸ Bild 04). Die Mondbahn ist etwas geneigt gegenüber der Bahn der Erde um die Sonne. Nur zweimal im Jahr kreuzt der Mond auf seiner Bahn die Verbindungsstrecke zwischen Erde und Sonne. Dann stehen Sonne, Mond und Erde in einer Linie und der Schatten des Mondes trifft die Erde. Nur wenn der Mond die Sonne dabei vollständig verdeckt, beobachten wir eine totale Sonnenfinsternis.

VERLAUF EINER MONDFINSTERNIS · Eine Mondfinsternis wie in ▸ Bild 05 kannst du nur bei Vollmond beobachten. Die Vollmondscheibe wird dabei immer mehr verdeckt. Die Mondfinsternis verläuft also ähnlich wie eine Sonnenfinsternis. Wie können wir das erklären?

Dazu schauen wir uns die Mondfinsternis von außerhalb der Erde an (▸ Bild 06):

Hinter der von der Sonne beleuchteten Erde entsteht ein Schattenraum. Der Mond bewegt sich in den Schattenraum der Erde hin ein. Nach einigen Minuten befindet er sich vollständig im Kernschatten. Dieser ist fast dreimal so groß wie der Mond: So dauert es etwa zwei Stunden, bis der Mond den Kernschatten durchlaufen hat.

Pro Jahr treten gewöhnlich zwei Mondfinsternisse auf. Auch bei ihnen müssen Sonne, Erde und Mond in einer Linie stehen.

1 ❩ Diskutiere mit deinem Nachbarn, bei welchen Erdpositionen eine Mondfinsternis möglich ist. Wie viele findet ihr? Begründet, warum in anderen Positionen keine Mondfinsternis eintritt.

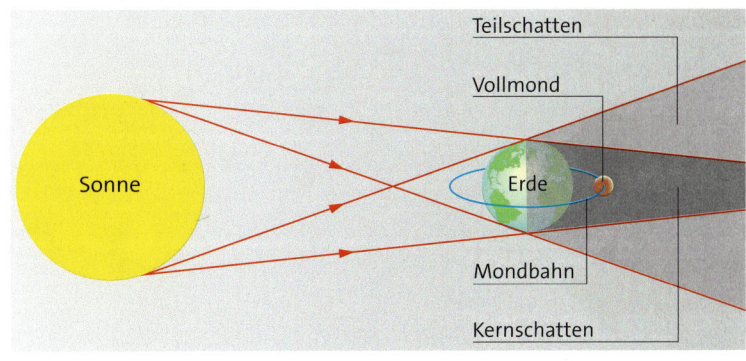

06 Schattenräume bei einer Mondfinsternis

01 Vielfältiges Aussehen des Mondes

02 Position des Mondes im Laufe der Nacht

MONDBEWEGUNG UND MONDPHASEN · Warum sehen wir den Mond mal teilweise und mal vollständig beleuchtet (► Bild 01)? Liegt das daran, dass der Mond sich bewegt?

Dazu beobachten wir den Vollmond mehrmals in einer Nacht. In regelmäßigen Abständen notieren wir jeweils die Himmelsrichtung und die Höhe des Mondes über dem Horizont. Das Ergebnis einer solchen Beobachtung zeigt ► Bild 02.

Wie die Sonne geht der Mond täglich im Osten auf, erreicht im Süden den höchsten Stand und geht im Westen wieder unter. Also muss auch hier die tägliche Drehung der Erde um ihre Achse die Ursache für den Weg des Mondes am Himmel sein.

Aber woran liegt es dann, dass der Mond in verschiedenen Nächten ganz unterschiedlich aussieht? Dazu beobachten wir den Mond einen Monat lang. Wir beginnen bei Vollmond. Während der folgenden zwei Wochen nimmt der sichtbare Teil des Mondes immer mehr ab (► Bild 01, oben), um während der nächsten vierzehn Tage wieder gleichmäßig zuzunehmen (► Bild 01, unten). Da sich das Aussehen des Mondes immer in dieser festen, wiederkehrenden Reihenfolge ändert, spricht man von **Mondphasen.**

► Bild 03 stellt unsere Beobachtungen übersichtlich dar: Der Mond umkreist jeden Monat einmal die Erde. Dabei wird er von der Sonne stets zur Hälfte beleuchtet. Von der Erde aus sehen wir die beleuchtete Hälfte beim Vollmond ganz, sonst nur teilweise und bei Neumond gar nicht.

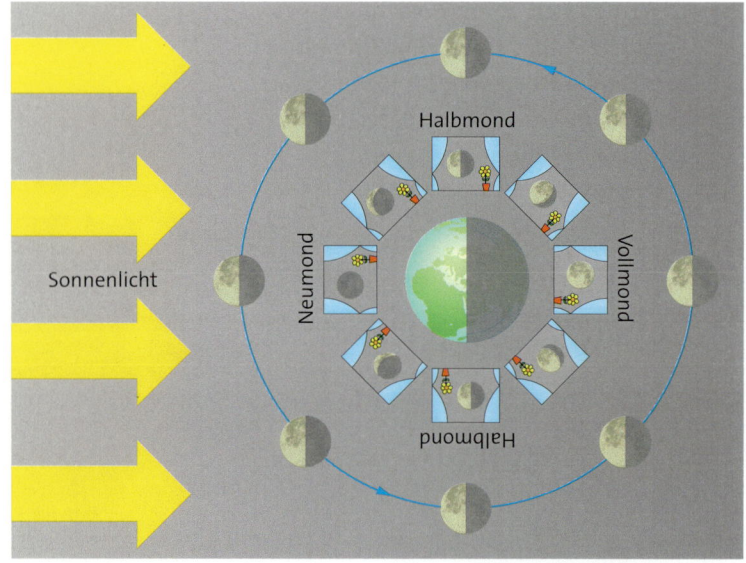

03 Wir beobachten einen Monat lang den Mond durch unser Fenster.

1 ⌡ Betrachte ► Bild 03 und erläutere, bei welcher Mondphase eine Sonnen- bzw. eine Mondfinsternis möglich ist.

VERSUCHE ▶ Zu Hause erlebt: ein Modell für die Sonnenfinsternis

Material:

Tennisball, große kugelförmige Lichtquelle

Durchführung:

V1 Stelle dich in 2 m Entfernung von der Lichtquelle auf. Schließe ein Auge und halte den Ball so vor das offene Auge, dass er die Lampe gerade vollständig bedeckt.

a) Bewege nun den Ball langsam nach links oder rechts. Notiere deine Beobachtungen.

b) In welchem Bereich des Schattenraums befindet sich dein Auge, wenn du die Lampe nicht sehen kannst?
Wo befindet es sich, wenn die Lampe gerade wieder sichtbar wird? Begründe.

c) Verdecke mit dem Ball wieder die Lichtquelle und wechsle dann das Auge. Notiere deine neuen Beobachtungen. Verwende dabei die Begriffe „Kernschatten" oder „Teilschatten".

Material A ▶ Die Erde aus dem All betrachtet

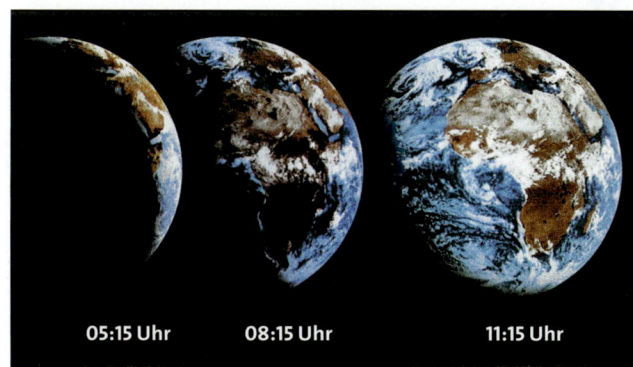

05:15 Uhr   08:15 Uhr   11:15 Uhr

Die Abbildung zeigt die Erde, aufgenommen von einem Wettersatelliten aus 36 000 km Höhe. Die Aufnahmen wurden zu verschiedenen Zeiten gemacht und nebeneinandergestellt. Der Satellit befindet sich auf einer geostationären Bahn, d. h., er befindet sich in einer festen Höhe an einer bestimmten Position über der Erdoberfläche und dreht sich gemeinsam mit der Erde.

A1 Beschreibe, wie sich das Bild der Erde in der Zeit von 05:15 bis 11:15 Uhr verändert.

A2 Schätze ab, wann die Erde als vollständige Scheibe zu sehen sein wird.

A3 Entwirf Skizzen, mit denen du der Klasse demonstrieren kannst, wie Sonne, Satellit und Erde dann stehen.

Material B ▶ Annas Mondbeobachtungen

B1 Anna hat einige Wochen lang den Mond beobachtet und ihre Beobachtungen in eine Tabelle eingetragen.

a) Lies ab, wann Anna Vollmond beobachtet hat.

b) Begründe, warum der Mond am 11.01. nicht zu sehen war.

c) Am 18.01. ist die helle Seite rechts zu sehen. Notiere, welche Mondphase dann vorliegt.

d) Gib an, welche Mondphase am 28.01. vorliegt.

Datum 2012/13	Uhrzeit	Mond sichtbar	Heller Anteil	Helle Seite
17.12.	17:15	ja	$\frac{1}{4}$	rechts
20.12.	20:00	ja	$\frac{1}{2}$	rechts
24.12.	22:00	ja	$\frac{3}{4}$	rechts
28.12.	23:50	ja	1	
02.01.	06:15	ja	$\frac{3}{4}$	links
05.01.	07:00	ja	$\frac{1}{2}$	links
08.01.	08:45	ja	$\frac{1}{4}$	links
11.01.	22:00	nein	0	

01 Im Badezimmer

Reflexion von Licht

Wenn du morgens im Badezimmer stehst, siehst du dein Spiegelbild möglicherweise nicht nur im Spiegel. Wie beeinflussen die Oberflächen der Gegenstände das, was wir sehen?

LICHTAUSBREITUNG IM BADEZIMMER · Du hast bereits gelernt, dass du Körper nur sehen kannst, wenn das von ihnen ausgehende Licht dein Auge erreicht. Wir können also den Duschraum in ▸ Bild 01 auch durch die Glasscheibe hindurch sehen, weil das Glas die geradlinige Ausbreitung des Lichts nicht behindert. Körper wie die Klarglasscheibe nennt man **lichtdurchlässig.**

Körper, die die geradlinige Ausbreitung des Lichts behindern und nur einen Teil des Lichts hindurchlassen, nennt man **durchscheinend:** Die Fensterscheibe aus Milchglas ist durchscheinend. Die Bäume dahinter kannst du nur verschwommen sehen.

Die Badematte ist **lichtundurchlässig** und verschluckt das Licht. Den Vorgang des Verschluckens nennt man **Absorption.**

Aber gibt es auch Oberflächen, die Licht weder durchlassen noch absorbieren?

LICHT WIRD ZURÜCKGEWORFEN · Körper mit heller Oberfläche werfen einen großen Teil des Lichts zurück. Das Zurückwerfen von Licht bezeichnet man in der Physik als **Reflexion.**

Die meisten Körper besitzen mehrere optische Eigenschaften gleichzeitig. So wirft die helle Wand das Licht nicht vollständig zurück, sondern absorbiert auch einen Teil. Die Milchglasscheibe lässt einen Teil des Lichts hindurch und reflektiert den Rest in alle Richtungen. Auf Körpern mit spiegelglatter Oberfläche wie dem Toilettendeckel oder der Duschabtrennung kannst du sogar Spiegelbilder sehen.

Wie wird das Licht an den verschiedenen Oberflächen reflektiert?

REFLEXION – GENAUER UNTERSUCHT · Wir legen einen Spiegel auf einen Tisch und richten das schmale Lichtbündel eines Lasers darauf. Mit kleinen Wassertröpfchen machen wir den Weg des Lichts sichtbar (▸ Bild 02). Wir stellen dabei fest, dass das Licht nicht irgendwie, sondern nach bestimmten Gesetzmäßigkeiten reflektiert wird.

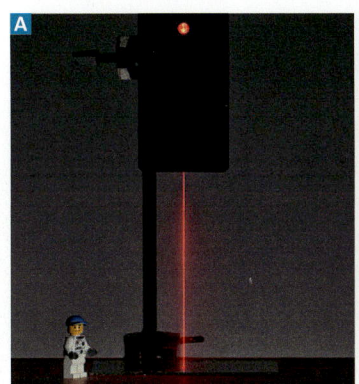 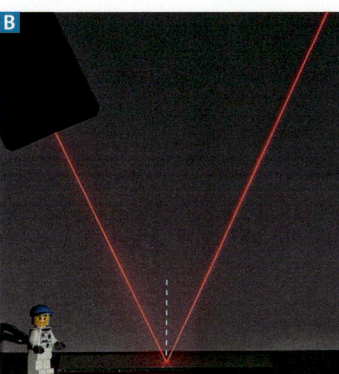 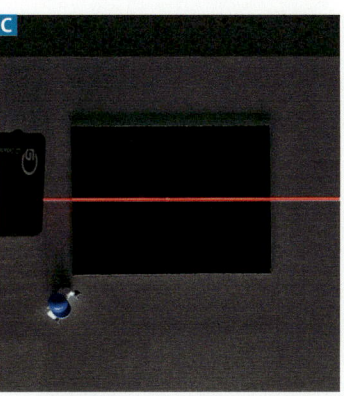

02 Reflexion von Licht: **A** bei senkrechtem Lichteinfall, **B** bei schrägem Lichteinfall, **C** Ansicht von oben

Im ersten Versuch richten wir den Laserstrahl senkrecht auf die Oberfläche des Spiegels (▶ Bild 02 A). Wir sehen keinen zweiten Lichtstrahl. Da wir wissen, dass der Spiegel das Licht nicht absorbiert, muss er es auf gleichem Weg senkrecht nach oben reflektieren.

Im zweiten Versuch fällt der Lichtstrahl nicht mehr senkrecht auf den Spiegel (▶ Bild 02 B). Je weiter wir den Laserstrahl zur Tischplatte absenken, desto weiter senkt sich auch der reflektierte Strahl. Wir vermuten, dass das einfallende Lichtbündel unter dem gleichen Winkel reflektiert wird, mit dem es auf den Spiegel trifft.

Unsere Vermutung überprüfen wir in einem weiteren Versuch. In ▶ Bild 02 B und ▶ Bild 03 siehst du eine senkrecht zum Spiegel verlaufende Linie. Sie wird **Lot** genannt. Wir messen den Winkel zwischen Lot und einfallendem Lichtbündel **(Einfallswinkel)** sowie zwischen Lot und reflektiertem Lichtbündel **(Reflexionswinkel).** Bis auf kleine Abweichungen, z.B. durch Ablesefehler, sind die gemessenen Winkel gleich (▶ Tabelle 04). Damit haben wir unsere Vermutung bestätigt. Wenn wir abschließend noch einen Blick von oben auf den Versuchsaufbau werfen, dann stellen wir noch etwas anderes fest (▶ Bild 02 C): Von oben betrachtet ändert das Licht seine Ausbreitungsrichtung nicht.

03 Messung von Einfalls- und Reflexionswinkel

Einfalls-winkel α	Reflexions-winkel β
0°	0°
10°	10°
21°	20°
29°	30°
40°	41°
45°	44°
50°	51°

04 Messwerte

Einfallendes und reflektiertes Lichtbündel liegen also in einer Ebene. In dieser Ebene liegt auch das Lot.

Wir fassen unsere Ergebnisse im **Reflexionsgesetz** zusammen:

/// Bei der Reflexion gilt:
Der Einfallswinkel und der Reflexionswinkel sind immer gleich groß.
Das einfallende Lichtbündel, das reflektierte Lichtbündel und das Lot liegen in einer Ebene.

1 ⌋ In ▶ Bild 05 siehst du die Skizze eines Grabenspiegels. Übertrage die Zeichnung in dein Heft und zeichne den Weg des Lichts bis zum Auge des Betrachters.

05 Grabenspiegel

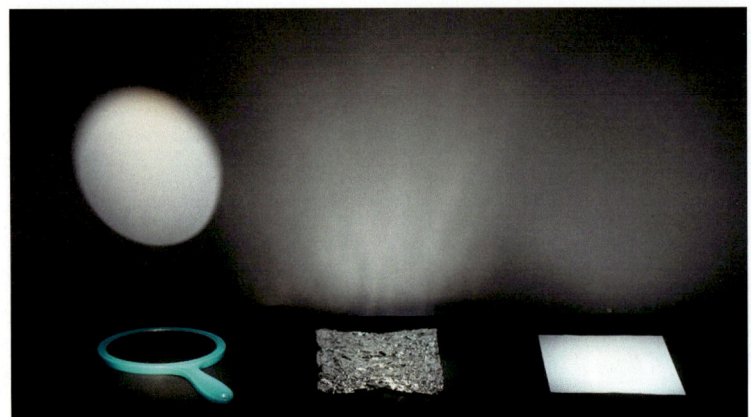

01 Licht trifft auf verschiedene Oberflächen.

diffuser Reflexion. Wenn viel von dem Licht in dein Auge gelangt, dann erscheint die Fläche hell. Der Spiegel reflektiert viel Licht in eine einzige Richtung: An der Wand siehst du deshalb einen hellen Fleck. Die Spiegeloberfläche erscheint dir dagegen schwarz, denn von ihr gelangt kein Licht in dein Auge. Die zerknitterte Alufolie reflektiert an einigen Stellen viel Licht in dein Auge. Andere Stellen reflektieren das Licht in eine andere Richtung, z.B. an die Wand. Daher erscheinen sie dunkel. Wir fassen zusammen:

REFLEXION UND STREUUNG · Die drei Gegenstände in ▸ Bild 01 werden gleich stark beleuchtet. Das raue, weiße Papier erscheint am hellsten, der glatte Spiegel erscheint dunkel und die zerknitterte Alufolie ist an einigen Stellen hell, an anderen dunkel.
Das weiße Papier reflektiert viel Licht in alle Richtungen. Man spricht von Streuung oder

Ob ein Gegenstand das Licht nur in eine Richtung reflektiert oder in viele Richtungen streut, hängt davon ab, wie rau seine Oberfläche ist.

1 Wenn Autoscheinwerfer eine nasse Straße beleuchten, dann erscheint sie dunkler als eine trockene. Erläutere, wie es zu diesem Unterschied kommt.

BLICKPUNKT

Hohlspiegel und Wölbspiegel

Lote

A   **B**

01 Licht trifft auf einen **A** Hohlspiegel, **B** Wölbspiegel.

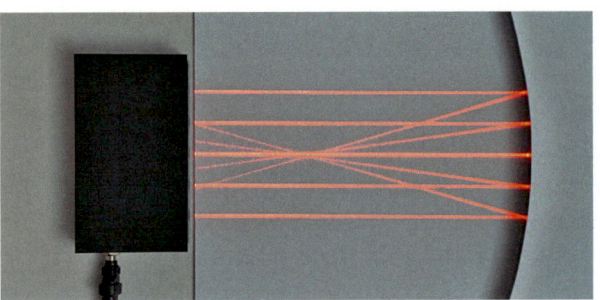

02 Brennpunkt des Hohlspiegels

Auch an gekrümmten Oberflächen wird Licht reflektiert. Nach der Reflexion sind die Randstrahlen eines als paralleles Licht einfallenden Lichtbündels nicht mehr parallel zueinander (▸ Bild 01 A und ▸ Bild 01 B). Bei Hohlspiegeln ist die Spiegelfläche vom Gegenstand weg gekrümmt, bei Wölbspiegeln verhält es sich umgekehrt. Die Form des Hohlspiegels führt dazu, dass parallele Lichtbündel nach der Reflexion in einem Punkt, dem Brennpunkt (▸ Bild 02), zusammengeführt werden.

VERSUCHE ▸ Der Unterschied zwischen Streuung und Reflexion

Mit diesem Versuch kannst du herausfinden, wie Oberflächen auf Licht reagieren.

04 Reflexion und Streuung

Material:
Taschenlampe, Spiegel, weißes Blatt Papier, möglichst gut abgedunkeltes Zimmer

Durchführung:
Für diesen Versuch brauchst du einen Partner.
Lege den Spiegel und das Blatt Papier nebeneinander auf einen Tisch. Dein Partner hält die

Taschenlampe auf Kopfhöhe und richtet das Lichtbündel auf Papier und Spiegel (▸ Bild 04).

V1 a) Gehe um den Tisch herum und betrachte beide Oberflächen von verschiedenen Positionen aus. Beschreibe, was du dabei beobachtest.
b) Erkläre das unterschiedliche Verhalten der Oberflächen.

Material A ▸ Im Lichtstrahlmodell: Licht trifft auf Gegenstände

A1 Hier ist etwas durcheinandergeraten. Beginne mit Bild 1 und verbinde nacheinander jedes Bild mit dem richtigen Gegenstand und der richtigen Aussage. Aus der Reihenfolge der acht Buchstaben ergibt sich ein Lösungswort.

S weißer Gegenstand
N durchsichtiger Gegenstand
U durchscheinender Gegenstand
R schwarzer Gegenstand

E Licht wird absorbiert.
U Licht wird teilweise durchgelassen
T Licht wird zurückgestreut.
G Licht wird durchgelassen.

Material B ▸ Airhockey.

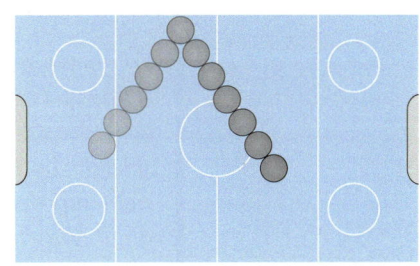

06 Langzeitaufnahme eines nach rechts gleitenden Pucks

B1 Beim Airhockey geht es darum,

1	ST
2	RE
3	UU
4	NG

nem Spiegel.
b) Vermute, wie der weitere Weg des Pucks verläuft. Erläutere, wie du vorhersagen kannst, ob der Puck das Tor trifft oder nicht.

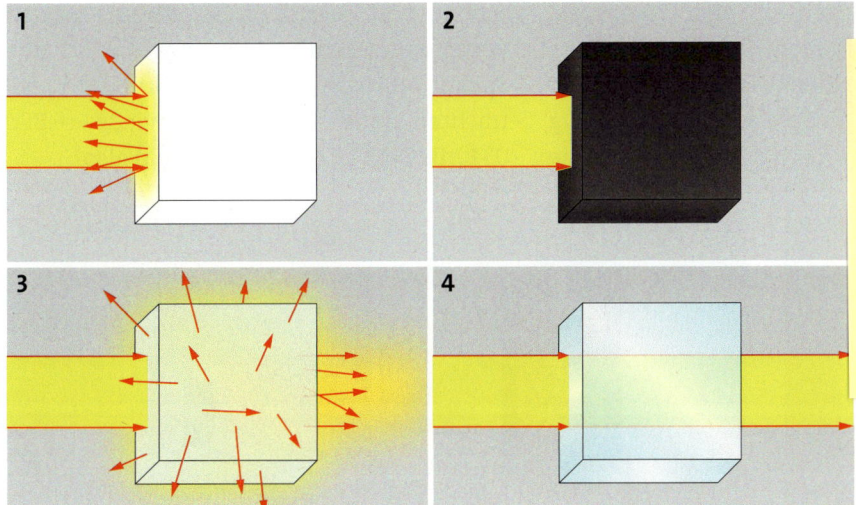

05 Verschiedene beleuchtete Körper

01 Blick in die Spiegelwelt

Spiegelbilder

Wenn du vor einem Spiegel stehst, dann siehst du ein Bild von dir und dem Raum, in dem du stehst. Die Welt um dich herum scheint noch einmal zu entstehen. Alles sieht auf den ersten Blick aus wie im Original. Was hat diese Spiegelwelt mit dem Original gemeinsam und wie entsteht sie?

BLICK IN DIE SPIEGELWELT · Die Gegenstände in der Spiegelwelt sehen so aus, als könntest du sie anfassen. Kannst du das?
Mit einer spiegelnden Glasscheibe kannst du die Kerze und ihr Spiegelbild gleichzeitig sehen (▶ Bild 02). Es gelingt dir aber nicht, die Kerze anzuzünden, die du hinter der Scheibe siehst. Es gibt sie also nicht wirklich.

Das Spiegelbild verhält sich auch anders als ein Foto. Wenn du bei einem Foto beispielsweise ein Gesicht zudeckst, dann bleibt es unsichtbar, unabhängig davon, aus welcher Richtung du das Foto betrachtest.
Beim Spiegelbild ist das anders. In ▶ Bild 03 A scheint das Spiegelbild der Kerze zunächst verschwunden zu sein. Wenn wir jedoch den Spiegel aus einer anderen Blickrichtung betrachten, dann sehen wir es wieder (▶ Bild 03 B). Bewegt sich das Spiegelbild also?

02 Kann man den Docht anzünden?

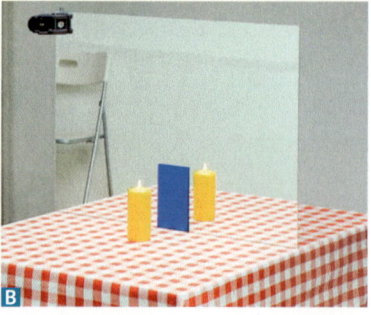

03 **A** Das Spiegelbild ist verdeckt. **B** Es ist wieder sichtbar.

Wenn wir auf das Karomuster der Tischdecke achten, stellen wir fest, dass das Spiegelbild unabhängig von unserer Blickrichtung immer auf denselben Kästchen steht. Das Spiegelbild bewegt sich also nicht.

GRÖSSE UND LAGE DES SPIEGELBILDS ·
Mithilfe der karierten Tischdecke in ▸ Bild 03 können wir Abstände gut vergleichen. Das Spiegelbild der Kerze ist genauso weit von der Scheibe entfernt wie die Kerze selbst. Das Spiegelbild ist auch nicht nach rechts oder links verschoben.

Während wir von vorne durch die Scheibe sehen, stellen wir nun ein Lineal neben das Spiegelbild und lesen seine Höhe ab. Anschließend messen wir die Höhe der echten Kerze und stellen fest, dass die Höhen ebenfalls gleich sind.

ENTSTEHUNG DES SPIEGELBILDS ·
Wir wollen verstehen, wie das Spiegelbild entsteht. Dazu betrachten wir das Lichtbündel, das von der Spitze der Kerzenflamme in das Auge des Betrachters gelangt (▸ Bild 04). Wir verfolgen das Lichtbündel vom Auge zurück zur Kerze. Am Spiegel wird es reflektiert. Das Gehirn geht aber davon aus, dass sich das Licht geradlinig ausbreitet. Daher kommt das Lichtbündel für den Betrachter scheinbar von einem Punkt hinter dem Spiegel, dem Bildpunkt. Diesen Punkt erhalten wir, wenn wir die beiden Randstrahlen des Lichtbündels vom Auge aus rückwärts verlängern. Diese Verlängerung ist im ▸ Bild 04 gestrichelt gezeichnet. Der Schnittpunkt der beiden Randstrahlen ist der Bildpunkt der Flammenspitze.

Diese Überlegung gilt auch für jeden weiteren Punkt der Kerze. ▸ Bild 04 zeigt: Alle Lichtbündel, die von der Kerze ausgehen, werden so reflektiert, dass sie scheinbar vom Spiegelbild der Kerze herkommen.

UNTERSCHIEDLICHE BLICKRICHTUNGEN ·
Wir erinnern uns: Das Spiegelbild erscheint uns aus verschiedenen Blickrichtungen immer an derselben Stelle. ▸ Bild 05 zeigt die Entstehung des Spiegelbilds für drei verschiedene Betrachter. Auch hier schneiden sich die Randstrahlen der Lichtbündel im Bildpunkt. Du siehst, dass der Schnittpunkt der Randstrahlen für alle drei Betrachter derselbe ist. Diese Überlegungen erklären unsere Beobachtungen aus dem Kerzenexperiment und wir fassen zusammen:

/// Gegenstand und Spiegelbild sind gleich groß und gleich weit vom Spiegel entfernt.
Das Spiegelbild befindet sich für alle Betrachter an derselben Stelle.

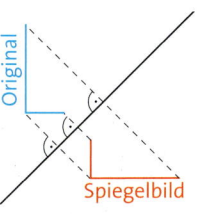

06 Du kannst ein einfaches Spiegelbild mithilfe einer Achsenspiegelung konstruieren.

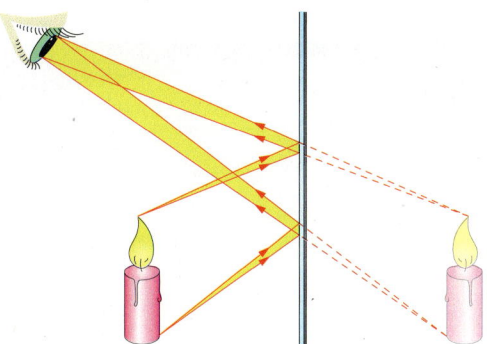

04 So entsteht das Spiegelbild.

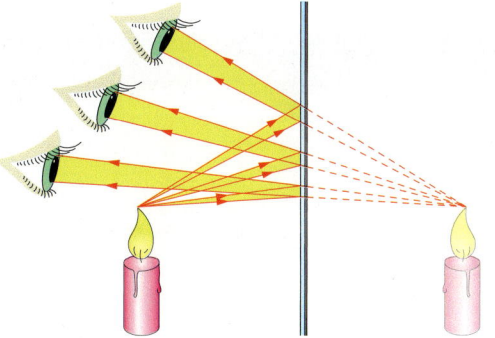

05 Das Spiegelbild ist für alle an derselben Stelle.

01 Spiegelschrift auf einem Feuerwehrwagen

VERKEHRTE WELT · Auf dem Feuerwehrwagen in ▸ Bild 01 ist die Beschriftung in Spiegelschrift angebracht, damit man diese im Rückspiegel des eigenen Autos lesen kann. Spiegelschrift sieht seltsam verkehrt herum aus: Der Buchstabe „F" steht am rechten und nicht am linken Ende des Wortes.

Eine ähnlich verkehrte Welt ist dir vielleicht auch schon beim Kämmen aufgefallen: Wenn du dich vor einem Spiegel mit der rechten Hand kämmst, dann kämmt sich dein Spiegelbild mit der linken Hand (▸ Bild 02). Tauscht der Spiegel also rechts und links?

Wenn du das Mädchen und ihr Spiegelbild auf dem Foto betrachtest, siehst du in beiden Fällen links den Kopf und rechts die Bürste. Nur wenn du dich in das Mädchen im Spiegel hineinversetzt, wird die Hand rechts vom Kopf zur linken Hand. „Rechts" und „links" sind also Bezeichnungen, die vom Betrachter abhängen.

Die Vertauschungen in der Spiegelwelt untersuchen wir nun genauer und legen dazu einen Pfeil vor den Spiegel.
Wenn der Pfeil nach rechts zeigt, dann zeigt sein Spiegelbild ebenfalls nach rechts (▸ Bild 03 A). Entsprechend ist es, wenn der Pfeil nach links zeigt: Sein Spiegelbild zeigt eben-

02 „Rechts" und „links" hängen vom Betrachter ab.

so nach links. Diese Richtungen lässt der Spiegel also unverändert. Auch oben und unten werden durch den Spiegel nicht vertauscht (▸ Bild 03 B). Wenn der Pfeil dagegen nach vorne zeigt, dann zeigt sein Spiegelbild in die entgegengesetzte Richtung (▸ Bild 03 C). Genauso ist es, wenn der Pfeil nach hinten zeigt. Sein Spiegelbild zeigt wieder in die entgegengesetzte Richtung.

 Der Spiegel vertauscht nur vorne und hinten.

Deshalb siehst du auf dem Foto einmal den Hinterkopf des Mädchens, einmal sein Gesicht im Spiegel.

1 ⌡ Wie musst du einen Spiegel halten, damit du die Schrift auf dem Feuerwehrauto in ▸ Bild 01 lesen kannst?

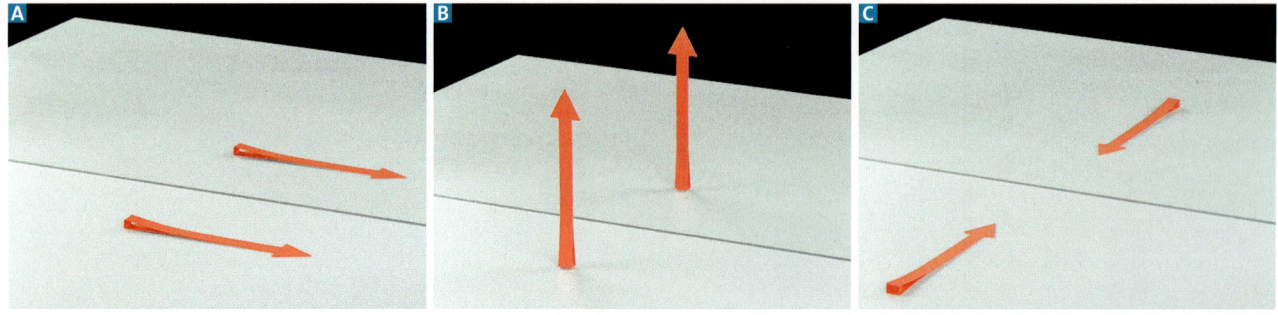

03 **A** Rechts bleibt rechts, **B** oben bleibt oben, **C** vorne und hinten werden vertauscht.

VERSUCHE ► Untersuchung von Spiegelbildern

Material:

Spiegel, Kekse, Stifte, Kerze, Spielfigur

Durchführung:

Stelle den Spiegel senkrecht zur Tischoberfläche auf. Du kannst den Spiegel z. B. zwischen zwei Wasserflaschen einklemmen.

V1 Lege einen Keks so vor den Spiegel, dass du im Spiegelbild nur den halben Keks siehst (► Bild 04). Lege den zweiten Keks so hinter den Spiegel, dass der halbe Keks vervollständigt wird.
a) Beschreibe die Lage der Kekse und erkläre.
b) Verändere deine Position und wiederhole den Versuch.

V2 Lege die Stifte vor den Spiegel. Sie sollen in unterschiedliche Richtungen zeigen. Beschreibe, wie sich die Richtungen der Spiegelbilder verändert haben.

V3 Stelle die nicht brennende Kerze und die Figur wie im ► Bild 05 gezeigt vor den Spiegel. Überlege dir zuerst, wie viele Schatten die Figur und ihr Spiegelbild jeweils haben. Zünde nun die Kerze an und überprüfe deine Überlegungen.

04 Spiegelkeks

05 Schatten im Spiegel

Material A ► Versteckspiel

Tom und Mia spielen Verstecken in einem Zimmer. Mia hat sich hinter dem Sessel versteckt (► Bild 06).

A1 a) Übertrage die Skizze in dein Heft. Zeichne Mias Spiegelbild und den Lichtweg von Mia zu Tom ein. Kann Tom Mias Spiegelbild sehen? Erläutere.
b) Markiere zwei weitere Positionen, von denen aus Tom Mias Spiegelbild sehen kann.
c) Kann Mia Toms Spiegelbild sehen? Erläutere.

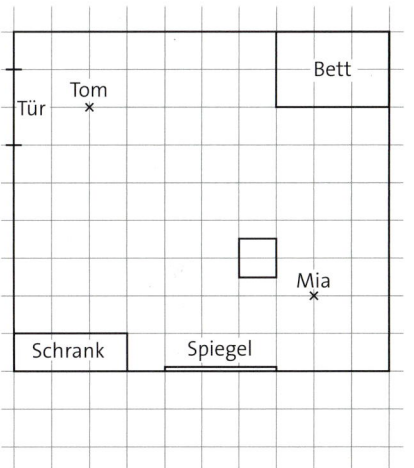

06 Versteckspiel

Material B ► Falsche Spiegelbilder

B1 a) ► Bild 07 zeigt eine Person vor einem Spiegel. Entscheide für jede Skizze, ob sie richtig oder falsch ist. Begründe deine Antwort jeweils.
b) Probiere aus, ob du mit einem Metalllöffel ein Spiegelbild wie in ► Bild 07 A erzeugen kannst. Finde eine Erklärung.

A
B
C
D

07 Falsche Spiegelbilder?

///// **BLICKPUNKT** ///

Sehen und gesehen werden

01　Beleuchtete Kreuzung

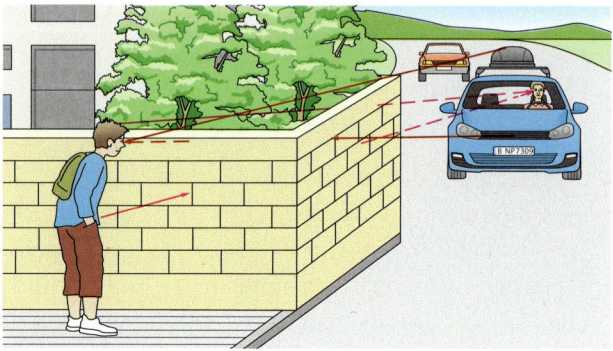

02　Der Schüler ist für den Fahrer nicht sichtbar.

Ob du auf dem Schulweg oder in deiner Freizeit unterwegs bist: Du musst dich im Straßenverkehr orientieren, auf andere Verkehrteilnehmer achten und in gefährlichen Situationen richtig reagieren. Deine Augen sind dabei wichtige Sinnesorgane, denn Licht wird im Straßenverkehr vielfältig genutzt.

Lichtquellen sorgen für Beleuchtung · In ▶ Bild 01 erhellen Straßenlaternen einen Kreuzungsbereich. Sie beugen dadurch Unfällen vor und machen die Straße nachts sicherer. Das Fahrlicht eines Radfahrers oder eines Autos beleuchtet ebenfalls die dunkle Straße, sodass beide nicht vom Weg abkommen.

Lichtquellen informieren und warnen · Verkehrsteilnehmer verständigen sich mithilfe verschiedenfarbiger Lichtsignale. Der gelbe Blinker eines Autos kündigt einen Spur- oder Richtungswechsel an, Fahrlichter sind weiß und rote Rücklichter machen vorausfahrende Fahrzeuge sichtbar.
Rote Warnlichter warnen vor Gefahren und sollten nicht überfahren werden. So warnt z. B. das rote Licht einer Ampel vor dem Querverkehr. Gelbe Warnlichter informieren über Hindernisse, z. B. über einen Servicewagen des Straßendienstes, der eine Fahrspur blockiert. Ein blaues Blinklicht kennzeichnet ein Fahrzeug mit Sonderrechten im Straßenverkehr.

Hindernisse nehmen die Sicht · Nicht nur Dunkelheit, sondern auch Hindernisse bringen im Straßenverkehr besondere Gefahren mit sich. Du kannst einen Körper nur dann sehen, wenn Lichtstrahlen von ihm dein Auge erreichen. Umgekehrt wirst auch du von einem Autofahrer auch nur dann wahrgenommen, wenn das Licht, das von dir ausgeht, den Autofahrer erreicht. Hindernisse wie parkende Autos unterbrechen den Lichtweg und führen zu gefährlichen Situationen (▶ Bild 02). Achte deshalb darauf, dass du selbst dein Sichtfeld nicht durch Kapuzen oder Ähnliches verkleinerst.

Spiegel erweitern das Sichtfeld · An unübersichtlichen Ein- und Ausfahrten sorgen fest angebrachte Spiegel für eine bessere Übersicht. Manche Spiegel sind sogar gewölbt, um einen größeren Bereich abzubilden.
Rückspiegel helfen dir, von hinten kommende Fahrzeuge zu sehen. Insbesondere Busse und Lastwagen sind mit vielen Spiegeln ausgestattet. Mit ihnen kann der Fahrer gleichzeitig verschiedene Richtungen im Blick behalten, ohne ständig den Kopf zu drehen.

Trotz der Spiegel gibt es Bereiche, die der Fahrer nicht einsehen kann (▶ Bild 03). Diese Bereiche heißen **toter Winkel.** Wenn der Fahrer sehr hoch sitzt, liegt auch der Bereich unterhalb der Beifahrertür im toten Winkel.

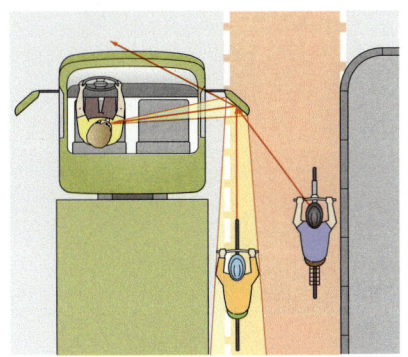

03 Rechter Radfahrer im toten Winkel

04 Sichtbar ist sicherer.

05 Reflektoren am Fahrrad

Damit du nicht vom Lkw überrollt wirst, solltest du deshalb rechtzeitig anhalten – und zwar hinter dem Lastwagen und nicht neben ihm!

Weil der Weg des Lichts unumkehrbar ist, gilt folgende Regel: Siehst du die Augen des Fahrers im Spiegel nicht, so kann auch er dich nicht sehen.

Störende Lichterscheinungen · Auf nassen Fahrbahnen kannst du Markierungen manchmal schlecht erkennen, weil die gesamte Fahrbahn wie ein Spiegel wirkt.

Wenn dadurch zu viel Licht von einer Lichtquelle in dein Auge fällt, wirst du geblendet und schließt dabei vielleicht sogar kurzzeitig deine Augen.

Geblendet wirst du manchmal auch durch die Scheinwerfer des Gegenverkehrs, die Strahlen der tief stehenden Sonne oder durch einen sehr hellen, wolkenlosen Himmel.

Unbedingt auffallen im Straßenverkehr · Erleuchtet nur wenig Licht die Straße, dann kannst du durch helle Kleidung, die das Licht in alle Richtungen reflektiert, auf dich aufmerksam machen. Besonders gut gelingt dies mit einer Warnweste, wie sie auch Schülerlotsen tragen.

Trägst du dagegen dunkle Kleidung, die das Licht weitgehend absorbiert, bist du getarnt und in der Dunkelheit schwer erkennbar (▸ Bild 04).

Fahrbahnmarkierungen, bestimmte Fahrzeuge und Verkehrsschilder müssen besonders auffallen. Deshalb werden Fahrbahnmarkierungen in weißer Farbe aufgemalt und Einsatzfahrzeuge z. B. der Feuerwehr besonders lackiert.

Wichtige Verkehrszeichen fallen nicht nur durch ihre Farbe auf, sondern sind auch mit Reflektorfolie überzogen. Reflektorstreifen findest du auch an Schulranzen, an Jacken und Hosen. An Armen oder Beinen sind sie besser zu erkennen als am Oberkörper, weil das Gehirn bewegte Lichtreflexe viel deutlicher und schneller wahrnimmt als ruhende.

Auf dem Fahrrad bist du ohne den Vorderscheinwerfer bei schlechtem Licht nicht zu sehen. Aber selbst mit Vorderscheinwerfer kann man deine Umrisse und die Bewegung des Rades von der Seite kaum erkennen. Damit du gut sichtbar bist, müssen nach der Straßenverkehrsordnung Fahrräder an allen Seiten Reflektoren haben. In ▸ Bild 05 siehst du einen weißen Frontreflektor, zwei rote Reflektoren an Gepäckträger und hinterem Schutzblech sowie Reflektoren an Pedalen und Speichen. Reflektoren werfen das Licht in diejenige Richtung zurück, aus der es gekommen ist.

Achte immer darauf, dass Reflektoren und Lampen an deinem Fahrrad frei von Verschmutzungen sind. Nur so kannst du sehen und gesehen werden.

01 Zauberei?

Brechung von Licht

Ein „Zauberer" gießt Wasser in eine anscheinend leere Tasse. Wenn die Tasse gefüllt ist, dann erscheint dort, wo zunächst nichts zu sehen war, eine Münze.

Unter Grenzfläche versteht man die Fläche zwischen zwei unterschiedlichen Stoffen, hier Wasser und Luft.

GEKNICKTE LICHTBÜNDEL · Die Münze war natürlich schon in der Tasse, sie war nur hinter der Tassenwand verborgen. Das Wasser scheint also das von der Münze ausgehende Licht über die Tassenkante in das Auge des Betrachters zu lenken.

Zur Überprüfung dieser Vermutung führen wir einen Versuch durch: In einem mit Wasser gefüllten Behälter befindet sich eine Lampe. Von der Lampe trifft ein schmales Lichtbündel von unten auf die Wasserober-

fläche. ▸ Bild 02 zeigt, dass das Lichtbündel an der Wasseroberfläche genickt ist. Man sagt: Das Licht wird an der Grenzfläche zwischen Wasser und Luft gebrochen. ▸ Bild 02 zeigt auch, dass ein Teil des Lichtbündels reflektiert wird. Wir beschäftigen uns zunächst mit dem gebrochenen Lichtbündel.

Nun können wir den „Zaubertrick" erklären: Ohne Wasser gelangt kein Licht von der Münze in das Auge, da die Tassenwand im Weg ist. Mit Wasser wird das von der Münze ausgehende Licht an der Wasseroberfläche gebrochen. Licht, das vorher am Auge vorbei gegangen ist, trifft nun in das Auge. (▸ Bild 03).

02 Das Lichtbündel trifft auf die Wasseroberfläche.

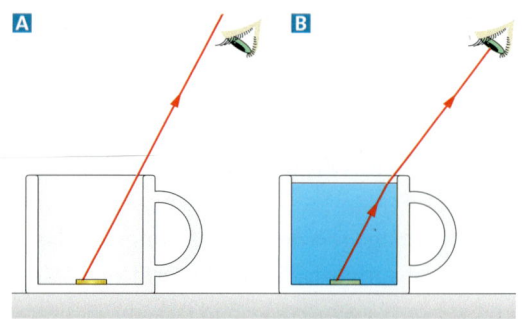

03 Lichtstrahl **A** ohne und **B** mit Wasser

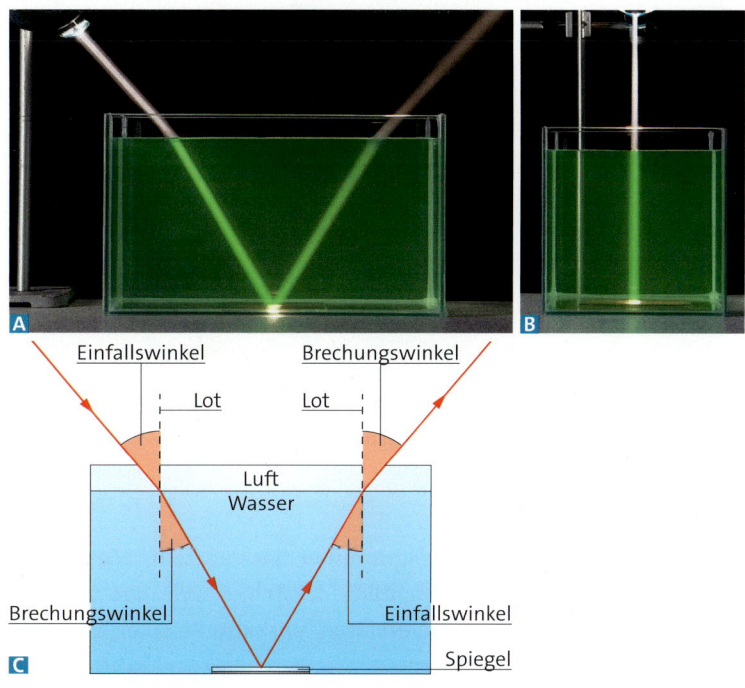

BRECHUNG AN GRENZFLÄCHEN · Licht wird beim Übergang von Wasser in Luft gebrochen. Es liegt nahe zu vermuten, dass es beim Übergang von Luft in Wasser ähnlich ist.

Der Versuch nach ▶ Bild 04 A bestätigt unsere Vermutung: Ein Lichtbündel trifft schräg auf die Grenzfläche zwischen Luft und Wasser. Es wird dort ebenfalls gebrochen. Auf dem Boden des Beckens liegt ein Spiegel. Das Licht wird dort reflektiert und trifft auf die Grenzfläche Wasser-Luft. Dort wird es zum zweiten Mal gebrochen. ▶ Bild 04 B zeigt den Aufbau von vorne: Man erkennt, dass alle Lichtbündel in einer Ebene senkrecht zur Wasseroberfläche liegen. Wir können daher den Versuch in einer vereinfachten Zeichnung betrachten (▶ Bild 04 C):

Wie bei der Reflexion misst man bei der Brechung die Winkel immer vom Lot aus. Beim Übergang Luft-Wasser ist der Brechungswinkel in Wasser kleiner als der Einfallswinkel in Luft. Das Licht wird zum Lot hin gebrochen. Beim Übergang Wasser-Luft wird das Licht vom Lot weg gebrochen. Dies ist das so genannte Brechungsgesetz.

Einen Spezialfall der Brechung zeigt ▶ Bild 05: Wenn das Lichtbündel senkrecht auf die Wasseroberfläche trifft, dann betragen Einfalls- und Brechungswinkel 0°.

DER LICHTWEG IST UMKEHRBAR · Wir nutzen aus, dass der Verlauf der Lichtbündel bei der Reflexion achsensymmetrisch ist. Folglich müssen auch die Winkel im Wasser bei beiden Brechungen gleich sein. Man kann nachmessen, dass die Winkel in Luft ebenfalls gleich sind. Wenn die Lampe rechts oben wäre, dann würde das Licht denselben Weg in umgekehrter Richtung durchlaufen. Man sagt: Der Lichtweg ist umkehrbar. Daher reicht es im Folgenden, wenn wir einen der beiden Übergänge untersuchen.

04 Licht wird an der Grenzfläche Wasser-Luft gebrochen: **A** Sicht von der Seite, **B** Sicht von vorn, **C** Zeichnung

Licht wird an der Grenzfläche zwischen Luft und Wasser gebrochen. Das einfallende und das gebrochene Lichtbündel sowie das Lot liegen dabei in einer Ebene. Beim Übergang Luft-Wasser wird das Licht zum Lot hin gebrochen, beim Übergang Wasser-Luft vom Lot weg.

BRECHUNG BEI ANDEREN STOFFEN · Was wir für Luft und Wasser festgestellt haben, gilt allgemein: Licht wird an der Grenzfläche zwischen unterschiedlichen durchsichtigen Stoffen, z. B. Luft und Glas, gebrochen. Wenn das Licht an der Grenzfläche zwischen zwei Stoffen zum Lot hin gebrochen wird, dann sagt man: Der erste Stoff ist **optisch dünner** als der zweite, bzw. der zweite Stoff ist **optisch dichter** als der erste. Wasser ist also optisch dichter als Luft. Wenn Licht von Luft auf Glas trifft, dann wird es zum Lot hin gebrochen. Glas ist also optisch dichter als Luft.

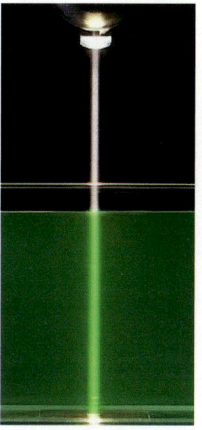

05 Licht trifft senkrecht auf die Wasseroberfläche.

METHODE

Erstellen von Diagrammen

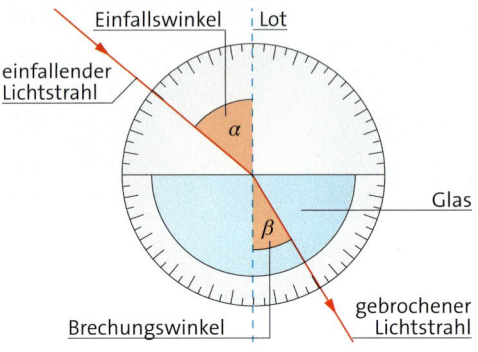

01 Messung an der Winkelscheibe

Beim Übergang vom Glas zur Luft trifft das Licht senkrecht auf die Grenzfläche. Dort ist der Brechungswinkel 0°.

α	β
0°	0°
10°	7°
20°	13°
30°	19°
40°	25°
50°	31°
60°	35°
70°	39°
80°	41°

02 Messwerte

In Diagrammen lassen sich Messwerte übersichtlich darstellen. Wie das funktioniert, erklären wir am Beispiel der Brechung.

In einem Versuch untersuchen wir folgende Frage: Wie verändert sich der Brechungswinkel in Glas, wenn der Einfallswinkel in Luft verändert wird? Dazu verwenden wir eine Winkelscheibe wie im ► Bild 01. Wir messen für verschiedene Einfallswinkel α in Luft jeweils den Brechungswinkel β in Glas. ► Tabelle 02 zeigt die Messwerte.

Aus diesen Messwerten erstellen wir ein Diagramm (► Bild 03): In einem Koordinatensystem verwenden wir die waagerechte Achse für den Einfallswinkel α in Luft und die senkrechte Achse für den Brechungswinkel β in Glas. Die jeweils zusammengehörenden Werte (α, β) tragen wir als kleine Kreuze ein. Im ► Bild 03 ist markiert, wie man den Punkt einträgt, der zum Einfallswinkel 30° gehört. Das Diagramm zeigt auf einen Blick, wie Brechungswinkel und Einfallswinkel zusammenhängen. Das erkennt man bei der Tabelle nicht so leicht.

Wie groß ist der Brechungswinkel in Glas bei einem Einfallswinkel von 45° in Luft? Auch hier hilft das Diagramm weiter: Wir zeichnen eine möglichst glatte Kurve durch die eingetragenen Punkte. Im ► Bild 03 ist sie rot dargestellt. Mit der Kurve können wir nun ablesen: Beim Einfallswinkel 45° ist der Brechungswinkel 28°.

Da der Lichtweg umkehrbar ist, können wir das Diagramm auch umgekehrt lesen. Wenn in Glas der Einfallswinkel 35° ist, dann ist in Luft der Brechungswinkel 60°.

Im ► Bild 04 ist der Zusammenhang zwischen Einfallswinkel und Brechungswinkel für verschiedene Übergänge dargestellt. Man erkennt leicht, dass Licht beim Übergang von Luft zu Diamant am stärksten gebrochen wird.

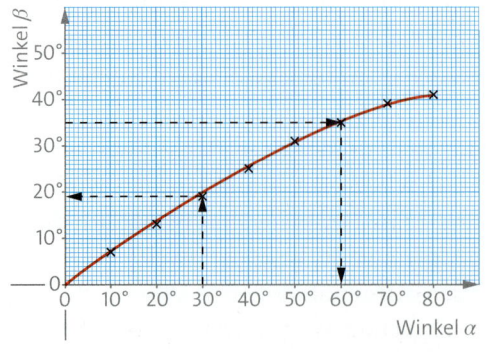

03 Messwerte werden im Diagramm dargestellt.

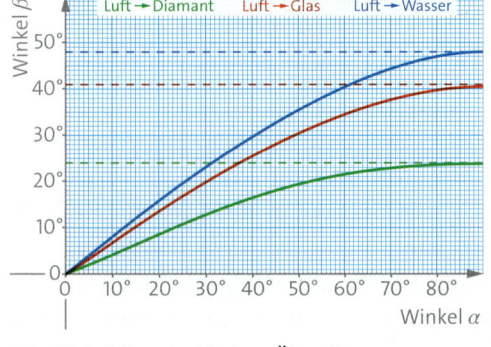

04 Winkel für verschiedene Übergänge

VERSUCHE ► Lichtbrechung

Du untersuchst die Brechung von Licht an der Grenzfläche Wasser-Luft.

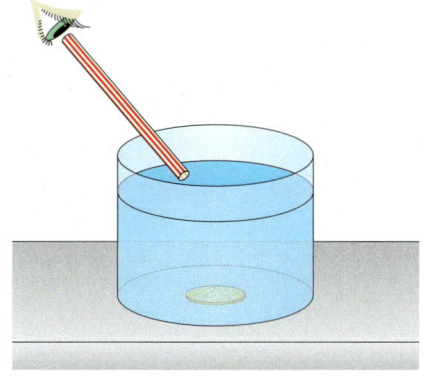

05 Zielversuch

Material:

Breites Glasgefäß (Schüssel), Münze, Trinkhalm oder dünne Papierröhre, Stricknadel oder langer dünner Stab.

Durchführung:

V1 a) Lege die Münze in die Schüssel und fülle sie mit Wasser. Blicke durch den Trinkhalm auf die Münze (► Bild 05). Halte den Trinkhalm in dieser Stellung fest und schiebe die Stricknadel durch den Trinkhalm in Richtung Münze. Notiere deine Beobachtung.

b) Schreibe auf, wie du zielen musst, damit du die Münze triffst. Erkläre.

V2 Stelle die Stricknadel in das gefüllte Glasgefäß. Betrachte sie von schräg oben. Notiere deine Beobachtungen. Erkläre.

Material A ► Lichtbrechung an verschiedenen Grenzflächen

A1 In den Skizzen ist jeweils ein Lichtstrahl beim Übergang zwischen verschiedenen Grenzflächen eingezeichnet. Entscheide und begründe, ob die Zeichnungen falsch oder richtig sind.

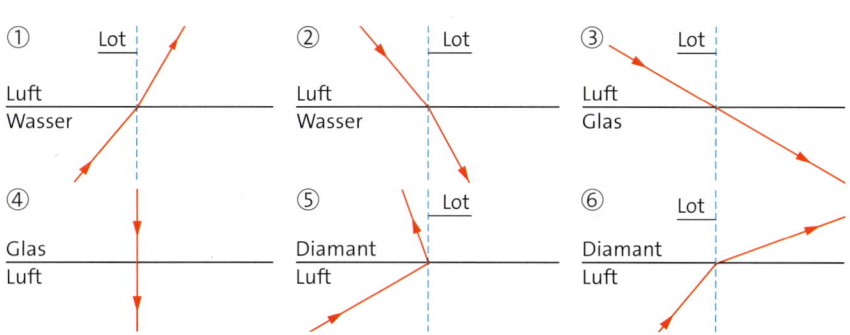

Material B ► Lichtbrechung am Prisma

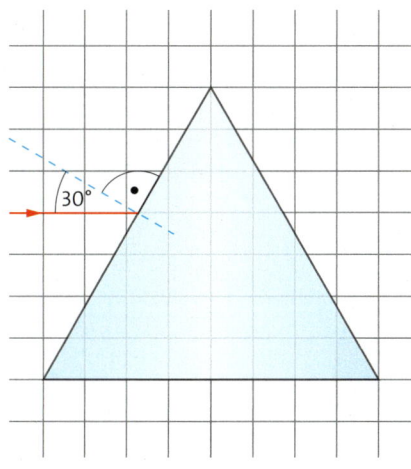

In der Optik untersucht man die Brechung von Licht häufig an einem Glasprisma (► Bild links).

B1 a) Übernimm die Zeichnung in dein Heft und zeichne den weiteren Verlauf des Lichtstrahls ein. Entnimm die dazu nötigen Werte aus ► Bild 04 (vorherige Seite).

b) Der Lichtstrahl soll im Prisma parallel zur unteren Kante verlaufen. Bestimme den Einfallswinkel. Fertige eine Zeichnung an.

B2 Im ► Bild unten trifft Licht auf eine Glasplatte. Überprüfe die Aussage: Das Licht hat nach der Platte dieselbe Ausbreitungsrichtung wie davor.

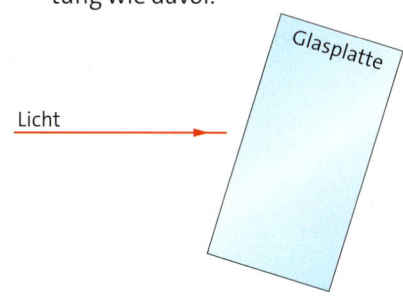

01 Spiegelung
A unter Wasser,
B über Wasser

Totalreflexion

> *Im Bild links ist an der Wasseroberfläche ein Spiegelbild des Meeresbodens und der Schildkröte zu erkennen. Rechts ist das Spiegelbild eines schneebedeckten Gipfels zu sehen. In beiden Fällen wirkt die Wasseroberfläche wie ein Spiegel. Gibt es dennoch Unterschiede bei der Spiegelung?*

ÜBERGANG WASSER-LUFT · Wir betrachten zuerst die Situation mit der Schildkröte. Damit ein Spiegelbild entsteht, muss das Licht, das von unten auf die Grenzfläche zwischen Wasser und Luft trifft, an dieser reflektiert werden. Wir prüfen diese Vermutung in einem Versuch. ► Bild 02 A zeigt: Ein Teil des Lichts wird an der Grenzfläche reflektiert, der Rest wird gebrochen und verlässt das Wasser. Wenn wir den Einfallswinkel immer weiter vergrößern, dann gibt es ab einem bestimmten Winkel, dem so genannten **Grenzwinkel,** keinen gebrochenen Anteil mehr, das gesamte Licht wird reflektiert (► Bild 02 C). Man spricht von **Totalreflexion.**

//// Wenn Licht auf die Grenzfläche von Wasser zu Luft trifft und der Einfallswinkel größer als der Grenzwinkel ist, dann wird es total reflektiert.

02 Ein Lichtbündel trifft auf die Grenzfläche Wasser-Luft: **A, B** Reflexion und Brechung, **C** Totalreflexion

ÜBERGANG LUFT-WASSER · Beim gespiegelten Gipfel im Bergsee trifft Licht von Luft auf die Grenzfläche zum Wasser (▸ Bild 01B). Dass wir den Gipfel sehen können, liegt an der Reflexion des Lichts an der Wasseroberfläche. Kann es dabei auch zu Totalreflexion kommen?

Aus dem vorigen Kapitel weißt du, dass Licht beim Übergang von Luft zu Wasser zum Lot hin gebrochen wird. Der Brechungswinkel ist also immer kleiner als der Einfallswinkel. Der größtmögliche Einfallswinkel beträgt 90°. Der Brechungswinkel im Wasser ist daher stets kleiner als 90°. Das heißt: Bei jedem Einfallswinkel in Luft dringt Licht ins Wasser ein. Es gibt hier keine Totalreflexion.

DER GRENZWINKEL IM DIAGRAMM · Im vorigen Kapitel wurde ein Diagramm für den Brechungswinkel in Glas in Abhängigkeit vom Einfallswinkel in Luft aufgenommen. ▸ Bild 03 zeigt ein entsprechendes Diagramm für den Übergang Luft-Wasser. Dieses Diagramm kann man aber auch für den umgekehrten Übergang benutzen: Zum Beispiel beträgt bei einem Einfallswinkel von $\beta = 35°$ in Wasser der Brechungswinkel in Luft $\alpha = 50°$. Dem Diagramm kann man auch den Grenzwinkel für den Übergang Wasser-Luft entnehmen: Dazu liest man den Winkel β in Wasser ab, der zum Winkel $\alpha = 90°$ in Luft gehört. Man erhält $\beta = 49°$. Der Grenzwinkel für den Übergang Wasser-Luft ist also 49° (▸ Bild 02 C).

ÜBERGANG GLAS-LUFT · Wie verhält sich Licht an der Grenzfläche zwischen Glas und Luft? Wir vermuten, dass beim Übergang vom optisch dichteren Stoff Glas zum optisch dünneren Stoff Luft ebenfalls Totalreflexion auftreten kann, beim umgekehrten Übergang dagegen nicht. Ein Versuch

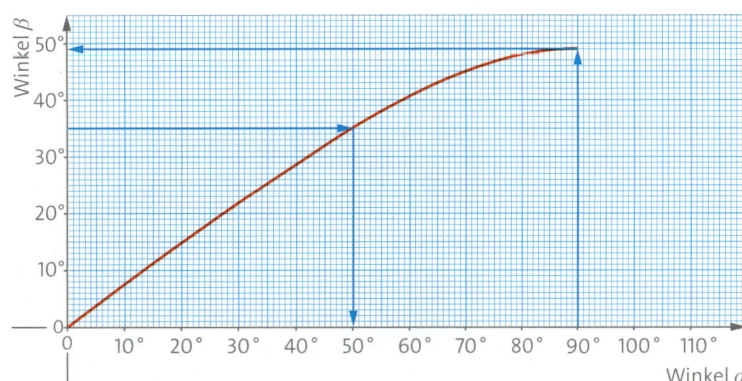

03 Zusammenhang zwischen dem Winkel β in Wasser und dem Winkel α in Luft

04 Licht trifft aus Glas an die Grenzfläche zur Luft.

bestätigt dies (▸ Bild 04). Es ergibt sich nur ein anderer Grenzwinkel. Dieser beträgt 42°. Allgemein gilt, dass der Grenzwinkel von den beiden Stoffen abhängt, die aneinander grenzen.

⫻ Totalreflexion tritt dann auf, wenn Licht aus einem optisch dichteren Stoff auf die Grenzfläche zu einem optisch dünneren Stoff trifft und der Einfallswinkel größer als der Grenzwinkel ist.

1⌡ Im ▸ Bild 01 A sieht man nur Dinge, die sich unterhalb der Wasseroberfläche befinden. Erkläre diesen Sachverhalt. Erläutere anschließend, wie man fotografieren müsste, um auch Dinge oberhalb der Wasseroberfläche zu sehen.

////// **BLICKPUNKT** ///

Der Lichtleiter

01 Totalreflexion in einem Lichtleiter

02 Eine Lampe aus Lichtleitern

Im ▸ Bild 02 folgt Licht den Kurven der gebogenen Glasfasern. Du hast aber gelernt, dass Licht sich geradlinig ausbreitet. Wie ist das möglich?

Ein genauerer Blick zeigt, dass sich Licht auch in den Glasfasern geradlinig ausbreitet. Dabei trifft es auf die Grenzfläche zwischen Glas und umgebender Luft (▸ Bild 01). Wenn der Einfallswinkel größer als der Grenzwinkel ist, dann wird es total reflektiert und folgt so der gebogenen Glasfaser.

Glasfasern benutzt man in Kabeln zur Datenübertragung und auch in der Medizin: Um zum Beispiel die Nasennebenhöhlen zu untersuchen, schiebt der Arzt einen dünnen Schlauch durch die Nase. Dieser Schlauch enthält zwei Lichtleiter: den einen zum Beleuchten des Körperinneren, den anderen, um das Streulicht nach außerhalb des Körpers zu leiten, damit der Arzt ein Bild der Nasennebenhöhle erhält.

Ein Regensensor

In manchen Autos wird der Scheibenwischer automatisch von einem Regensensor gesteuert. Woher weiß so ein Sensor, wann es regnet?

▸ Bild 03 A zeigt den prinzipiellen Aufbau: Eine Lichtquelle sendet Licht so aus, dass es bei einer trockenen Scheibe total reflektiert und von einem Empfänger registriert wird. Wenn Wassertropfen auf der Glasscheibe liegen, dann verlässt ein Teil des Lichts das Glas (▸ Bild 03 B). Das liegt daran, dass der Grenzwinkel beim Übergang von Glas in Wasser größer ist als beim Übergang von Glas in Luft. Am Empfänger kommt weniger Licht an. Er meldet „Regen". Bei stärkerem Regen liegen mehr Wassertropfen auf der Scheibe und noch weniger Licht kommt beim Empfänger an. So weiß der Sensor sogar, wie stark es regnet.

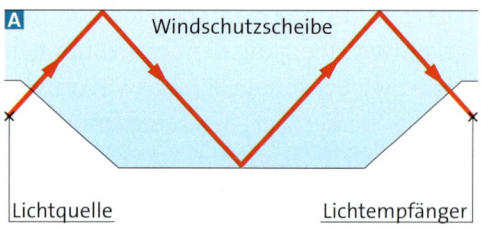

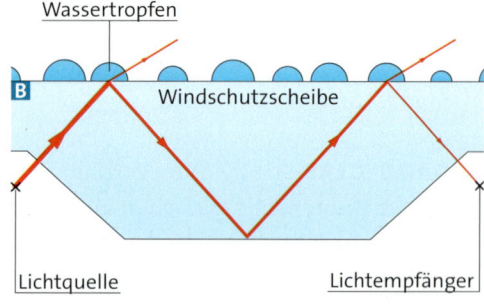

03 Prinzip eines Regensensors: **A** Scheibe trocken, **B** Scheibe feucht

VERSUCHE ► „Zaubertricks"

Die folgenden Versuche zeigen auf den ersten Blick ein überraschendes Verhalten von Licht.
Die Erklärung der angeblichen Zaubertricks sollst du selbst geben.

V1 Der leuchtende Wasserstrahl

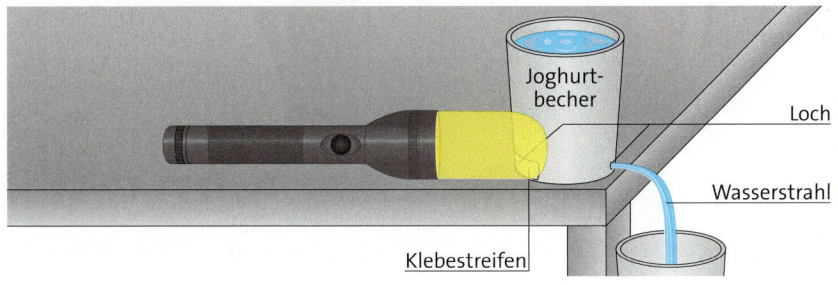

V2 Die verschwundene Münze

Material:

2 Joghurtbecher, Nagel, transparentes Klebeband, Lampe, Wasser

Durchführung:

Stich mit dem Nagel zwei Löcher in den Becher, die sich in etwa gegen-
überliegen. Verschließe eines der Löcher wasserdicht mit Klebeband.
Leuchte mit der Lampe durch beide Löcher hindurch. Ob du mit der
Lampe durch beide Löcher getroffen hast, kannst du daran erkennen,
dass an der Wand ein Lichtfleck zu sehen ist. Fülle dann Wasser in den
Becher. Vergiss nicht, das Wasser aufzufangen.
Notiere deine Beobachtung und erkläre sie anschließend.

Material:

Glas, Münze, Wasser

Durchführung:

Befeuchte die Münze mit Wasser
und stelle das Glas auf die Münze.
Lass deinen Nachbar von der Seite durch das Glas auf die Münze
schauen. Sprich ein paar magische
Worte und gieße Wasser ein.
a) Welche Beobachtung macht
dein Nachbar?
b) Erkläre ihm deinen Trick.

Material A ► Konstruktionen

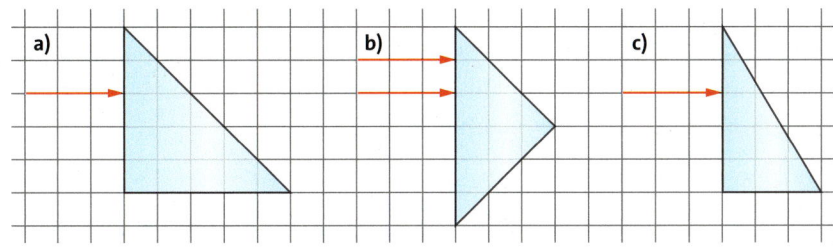

A1 Im ► Bild links trifft Licht von
links auf verschiedene Glas-
körper. Übertrage die Skizzen in
dein Heft.
Konstruiere den weiteren Verlauf des Lichts. Nimm dazu das
Diagramm von Seite 42 zu Hilfe.

Material B ► Was sieht ein Taucher?

B1 Wenn ein Taucher nach unten oder zur Seite schaut, dann sieht er die
Unterwasserwelt. Was sieht er aber, wenn er nach oben schaut?
Als Hilfe kannst du dir zuerst anhand einer Zeichnung überlegen, wohin
das Licht einer Taschenlampe gelangen kann, wenn der Taucher sie in
verschiedene Richtungen hält.

01 Versuch mit einem Stövchen

Lochkamera

> *Das Stövchen hat links ein großes Loch. Die Kerze scheint hindurch und auf der Wand entsteht ein heller Lichtfleck. Bei dem kleinen Loch vorne entsteht auf dem transparenten Kunststoffdeckel kein Lichtfleck, sondern ein Bild der Kerzenflamme. Wie funktioniert das? Warum steht dieses Bild auf dem Kopf?*

Eine Lochblende ist eine lichtundurchlässige Blende mit einem Loch.

LICHTAUSBREITUNG AN DER LOCHBLENDE · In einem Versuch stellen wir die Situation mit dem Stövchen nach. Eine Blende mit einem Loch ersetzt dabei das Stövchen. Von jedem Punkt der Kerzenflamme gehen Lichtbündel in alle Richtungen aus. Das Loch in der Blende sortiert davon mehr oder weniger schmale Lichtbündel aus. Auf der Wand entsteht ein Lichtfleck. Wenn die Lochblende groß ist, dann überlappen sich die Lichtflecken und erzeugen einen gemeinsamen Lichtfleck (▸ Bild 02 links).

Wenn die Lochblende klein ist, dann gelangen nur schmale Lichtbündel durch sie hindurch. Die Lichtflecken auf dem Schirm überlappen nicht und erzeugen so Punkt für Punkt das Bild der Kerzenflamme (▸ Bild 02 rechts). Das Bild steht auf dem Kopf, weil die Lichtbündel auf ihrem Weg durch das Loch von oben nach unten oder umgekehrt verlaufen.

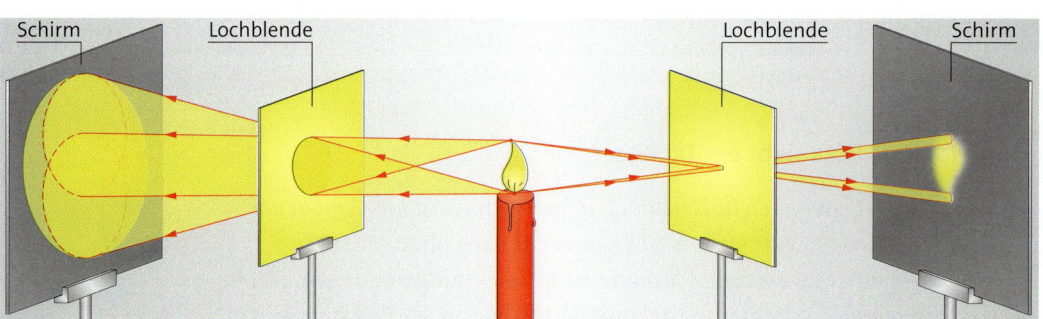

02 Links: Versuch mit großer Lochblende, rechts: mit kleiner Lochblende

WIR KONSTRUIEREN DAS BILD · Wir wählen zwei Gegenstandspunkte P und Q der Kerzenflamme aus (▶ Bild 03). Die Länge der Strecke PQ entspricht der Höhe der Kerzenflamme. Die Konstruktion der Bildpunkte P' und Q' zeigt ▶ Bild 04. Von den Gegenstandspunkten aus zeichnen wir zwei Lichtstrahlen, die durch die Blende verlaufen. Dort, wo die Lichtstrahlen den Schirm treffen, liegen die Bildpunkte P' und Q'. Die Strecke P'Q' ist ein Bild der Strecke PQ.

GROSSE BILDER · Wie kannst du mit dem Stövchenversuch im ▶ Bild 01 ein sehr großes Bild der Flamme erzeugen? Die Kerze steht fest in der Mitte des Stövchens und ihre Größe kannst du nicht ändern. Aber den Abstand zwischen Loch und Schirm, die so genannte **Bildweite b,** kannst du verändern. Bei einem Abstand von 6 cm zwischen Kerze und Loch ergeben sich die folgenden Höhen oder allgemeiner Größen des Bildes, die so genannten **Bildgrößen B:**

b in cm	6	8	10	12
B in cm	1,5	2	2,5	3

Die Tabelle zeigt: Je größer die Bildweite ist, desto größer ist die Bildgröße.

Mit einem Bleistift kannst du die Kerze im Stövchen verschieben und so den Abstand zwischen Gegenstand und Loch, die so genannte **Gegenstandsweite g,** verändern. Ein Versuch mit der Bildweite 6 cm ergibt:

g in cm	3	6	7,5	9
B in cm	3	1,5	1,2	1

Die Tabelle zeigt: Je kleiner die Gegenstandsweite ist, desto größer ist die Bildgröße.

/// Die Bildgröße ist umso größer, je größer die Bildweite und je kleiner die Gegenstandsweite ist.

DER ABBILDUNGSMASSSTAB · Wir haben gesehen, dass die Bildgröße B sich oft von der Gegenstandsgröße G unterscheidet – je nachdem wie groß Gegenstandsweite und Bildweite sind. Den Zusammenhang zwischen Bild- und Gegenstandsgröße beschreibt man durch den Abbildungsmaßstab A.

$$A = \frac{B}{G}.$$

Ein Beispiel: $G = 2\ \text{m} = 200\ \text{cm}$, $B = 5\ \text{cm}$,

$$A = \frac{5\ \text{cm}}{200\ \text{cm}} = \frac{1}{40} = 0,025.$$

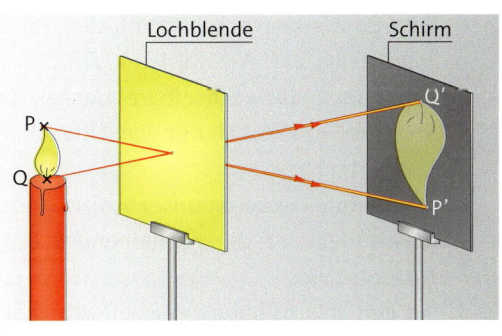

03 Wir wählen zwei Gegenstandspunkte aus.

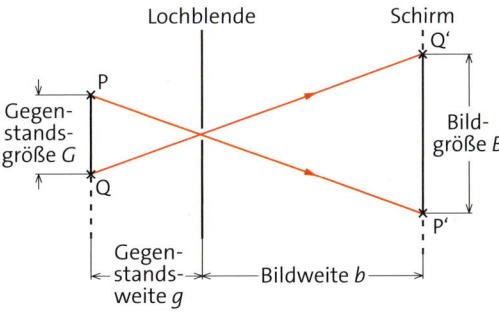

04 Konstruktion des Bildes mit Lichtstrahlen

1 ⌡ Begründe, dass bei der Abbildung durch das Loch in ▶ Bild 01 die rechte Seite der Flamme auf dem Kunststoffdeckel links erscheint.

2 ⌡ Begründe mithilfe der Tabellen und ▶ Bild 04, dass die Kerzenflamme 1,5 cm groß ist.

3 ⌡ Der Baum in ▶ Bild 05 ist real 8 m hoch. Bestimme den Abbildungsmaßstab.

05 Lochkamerabild eines Baums

//// **METHODE** ///

Bau einer Lochkamera

Planung:

a) Wir bauen eine **Röhre** als **Gehäuse,** damit kein störendes Licht auf den Schirm trifft.

b) Die **Länge** der Röhre bestimmt die Bildweite und damit die Bildgröße. Wir bauen zwei Röhren mit je 20 cm Länge und stecken sie ineinander. So können wir die Bildweite zwischen 20 cm und knapp 40 cm einstellen.

c) Der **Durchmesser** bestimmt die maximale Bildgröße. Wir wählen 10 cm.

d) Wir bauen **auswechselbare Deckel.** So können wir Deckel mit verschiedenen Löchern nutzen.

e) Der hintere Deckel ist unser **Schirm.** Dazu verwenden wir durchscheinendes Butterbrotpapier.

f) An den Schirm bauen wir eine **Abschattung,** um störendes Licht fernzuhalten.

g) Material: Wir nutzen **schwarze Pappe,** das vermeidet störendes Licht.

h) **Werkzeug:** Schere

Bau:

a) Zuschneiden (▸ Bild 01)

b) Abrunden: Wir ziehen die Rechteckflächen über eine Tischkante.

c) Kleben.

d) Trocknen: Wir fixieren die Teile mit Büroklammern oder Gewichten.

e) Lochen.

Tests:

Wir probieren aus, wie wir helle und detailreiche Bilder erhalten. Wir zeichnen ein Bild auf den Schirm und wechseln den Schirm. Wir variieren die Länge und beobachten die Bildgrößen.

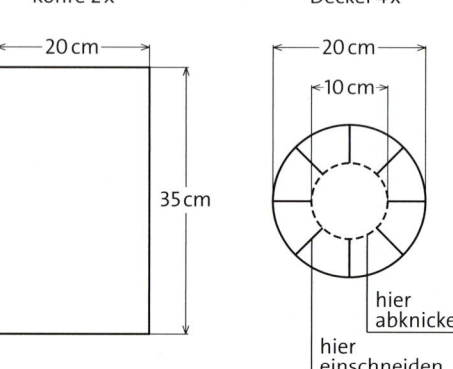

Röhre 2 x — Deckel 4 x

01 Bauplan im Maßstab 1:10

02 Die fertige Lochkamera

03 Abbildung mit der Lochkamera

VERSUCHE ▸ Stövchen

Mit dem Versuch findest du heraus, wie du von der Kerzenflamme ein großes Bild erzeugen kannst.

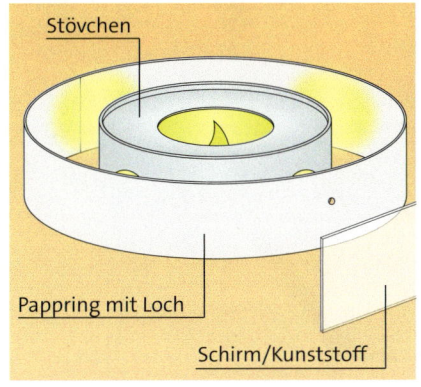

Material:
Stövchen, Pappe, transparenter Kunststoffdeckel.

Durchführung:
Stelle um das Stövchen herum einen Pappring mit einem kleinen Loch. Zünde die Kerze im Stövchen an, verdunkle den Raum.

V1 Beschreibe das Bild der Kerzenflamme auf dem Kunststoffdeckel.

V2 Verändere die Bildweite und beschreibe, wie sich die Bildgröße ändert.

V3 Verändere die Gegenstandsweite und beschreibe, wie sich die Bildgröße ändert.

Material A ▸ Lochgrößen

A1 Eine Kerze wurde zweimal mit einer Lochkamera abgebildet, einmal mit einem großen Loch, einmal mit einem kleinen Loch. Gib an, welche Aufnahme mit dem großen Loch gemacht wurde.

A2 Gib zwei unterschiedliche Begründungen an.

Material B ▸ Der Bildwinkel

Lochblende

B1 Jede Kamera nimmt Gegenstände in einem bestimmten Winkelbereich auf. Die Größe dieses Bereichs heißt **Bildwinkel** und wird in Grad angegeben.
Miss den Bildwinkel der Lochkamera im Bild links.

Material C ▸ Zeichnen eines Lochkamerabildes

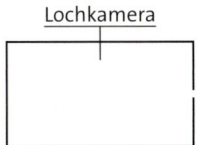

Lochkamera

C1 Die Lochkamera bildet das Geodreieck mit der kurzen Seitenlänge 11 cm ab. Zeichne das Bild.

C2 Bestimme den Abbildungsmaßstab.

C3 Miss den Bildwinkel der Lochkamera.

01 Eine moderne
Digitalkamera

Bildentstehung bei Sammellinsen

Moderne Kameras machen scharfe Bilder. Man erkennt, dass sie anders als die Lochkamera eine Linse anstelle eines Lochs besitzen. Wie entsteht bei einer Linse ein scharfes Bild?

Die Lochkamera hat einen großen Nachteil. Die Bilder sind entweder scharf und dunkel oder hell und unscharf. Scharfe und helle Bilder bekommt man nur, wenn man lange belichtet. Fotos etwa von Fußballspielern oder Eiskunstläufern sind damit nicht möglich, weil die Konturen durch die Bewegung verwischen. Eine Linse macht solche Aufnahmen möglich.

Wir bauen einen Versuch wie in ▸ Bild 02 auf. Anstelle der Lochblende nehmen wir eine Linse aus Glas, die so gewölbt ist wie bei der Kamera. Zunächst ist kein Bild der Kerzenflamme auf dem Schirm zu erkennen. Erst nach einigem Probieren finden wir eine Position für den Schirm, bei der ein scharfes und helles Bild entsteht (▸ Bild 03). Wie bei der Lochkamera steht das Bild auf dem Kopf. Allerdings konnten wir dort den Schirm an einer beliebigen Stelle aufstellen und erhielten ein Bild. Wir halten fest:

/// **Linsen erzeugen scharfe und helle Bilder nur an einer Stelle.**

WOVON HÄNGT DIE LAGE DES BILDES AB? ·
In einem Versuch untersuchen wir das genauer. Wir rücken die Kerze immer näher an die Linse heran, und verringern so die Gegenstandsweite. Um ein scharfes Bild zu erhalten, müssen wir den Schirm immer weiter von der Linse entfernen. Wir müssen also die Bildweite vergrößern. Gleichzeitig beobachten wir, dass das Bild immer größer wird.

02 Kein scharfes Bild erkennbar

03 Scharfes Bild auf dem Schirm

Ab einer bestimmten Gegenstandsweite finden wir überhaupt keine geeignete Position für den Schirm mehr. Folglich entsteht dann auch gar kein Bild.

/// Je kleiner die Gegenstandsweite ist, desto größer sind Bildweite und Bildgröße. Bei zu kleinen Gegenstandsweiten entsteht kein Bild.

BILDENTSTEHUNG BEI LINSEN · Von jedem Gegenstandspunkt der Kerze, zum Beispiel von der Spitze S der Kerzenflamme, breitet sich Licht in alle Richtungen aus. Ein Teil dieses Lichts trifft als divergentes Lichtbündel auf die Linse. Wenn ein Bild entsteht, dann ändert die Linse die Ausbreitungsrichtung des Lichts so, dass das Bündel nach der Linse konvergent ist (▶ Bild 04). Das gesamte Licht wird in einem Punkt S' vereinigt. S' ist der Bildpunkt von S. Die gleiche Überlegung gilt auch für jeden anderen Gegenstandspunkt P der Kerze, der den gleichen Abstand zur Linse hat wie die Spitze. Wir erhalten ein scharfes und helles Bild, das aus einzelnen Bildpunkten besteht – im Unterschied zur Lochkamera, wo sich das Bild aus einzelnen ausgedehnten Lichtflecken zusammensetzt.

/// Linsen erzeugen Bilder, indem sie das Licht, das von einem Gegenstandspunkt auf sie trifft, in einem Bildpunkt vereinigen.

HALBE LINSE – HALBE KERZE? · Erhalten wir nur ein Bild der halben Kerze, wenn wir eine Hälfte der Linse abdecken? Ein Versuch zeigt, dass dies nicht der Fall ist. Die Kerze wird komplett abgebildet. Das Bild ist lediglich dunkler als zuvor. Dies können wir erklären: Von jedem Punkt der Kerze gelangt nur halb so viel Licht durch die Linse. In den Bildpunkten wird also nur halb so viel Licht vereinigt. Das Bild ist dunkler, aber vollständig.

DER LICHTWEG DURCH LINSEN · Wie wird bei einer Linse aus einem divergenten Lichtbündel ein konvergentes Lichtbündel? Wir können uns das Lichtbündel, das auf die Linse trifft, aus vielen schmalen Lichtbündeln zusammengesetzt denken. Deshalb verwenden wir zur Untersuchung dieser Frage schmale Lichtbündel, die von einem Punkt aus in verschiedenen Richtungen auf die Linse treffen (▶ Bild 05). Wir erkennen, dass die Ausbreitungsrichtung des Lichts zweimal geändert wird: einmal beim Eindringen in die Linse und einmal beim Austreten aus der Linse. Dazwischen breitet sich das Licht geradlinig aus. Du weißt, dass Licht beim Übergang von einem Stoff in einen anderen gebrochen wird. Genau das passiert bei einer Linse zweimal: beim Übergang von Luft in Glas und beim Übergang von Glas in Luft.

divergent von
divergere (lat.):
auseinanderstreben

konvergent von
convergere (lat.):
sich hinneigen

1 Vergleiche die Bildentstehung von Lochkamera und Linse.

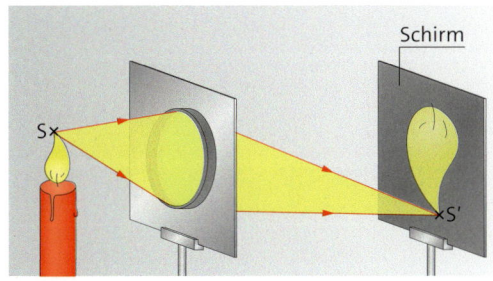

04 Ein Bild aus Punkten

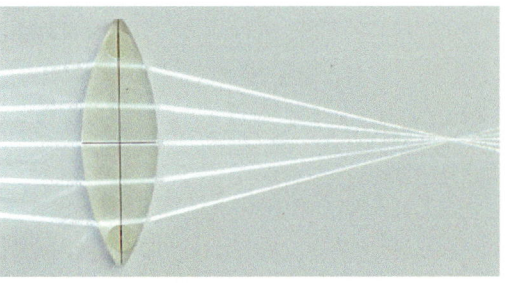

05 Licht wird an der Linse zweimal gebrochen.

01 Linse als Brennglas

Bezeichnung F von focus (lat.): Feuerstelle, Herd

DIE BRENNWEITE · Mit einer Linse kann man Sonnenlicht fast in einem Punkt bündeln (▸ Bild 01). In diesem Punkt wird es dann so heiß, dass man dort ein Streichholz entzünden könnte.

Um mehr über die Lage dieses Punktes zu erfahren, machen wir einen Versuch (▸ Bild 02). Wir lassen schmale Lichtbündel parallel zur optischen Achse auf eine Linse treffen. Hinter der Linse treffen die Bündel alle in einem Punkt auf der optischen Achse zusammen. Diesen Punkt bezeichnet man als **Brennpunkt F.** Den Abstand des Brennpunkts zur Mittelebene der Linse nennt man die **Brennweite f.** Sie ist charakteristisch für die Linse. In ▸ Bild 02 ist die Mittelebene als Gerade senkrecht zur optischen Achse zu erkennen.

/// Der Abstand des Brennpunkts zur Mittelebene einer Linse heißt Brennweite.

Es ist gleichgültig, von welcher Seite wir die Linse beleuchten. Sie hat von beiden Seiten dieselbe Wirkung. Es gibt also zwei Brennpunkte symmetrisch zur Mittelebene.

BESONDERE LICHTBÜNDEL · Die Eigenschaften des Bildes bei der Abbildung mit Linsen haben wir durch Versuche gefunden. Unser Ziel ist es jetzt, diese Ergebnisse vorherzusagen. Können wir die Bildweite und die Bildgröße auch zeichnerisch bestimmen?

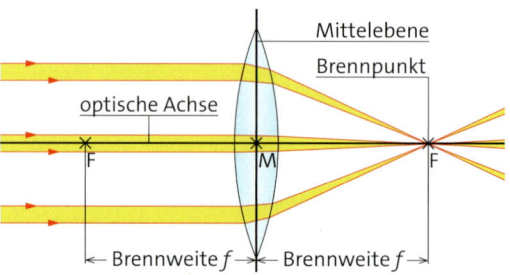

02 Brennweite und Brennpunkte einer Linse

Wir wissen bereits, dass Licht, das von einem Gegenstandspunkt P ausgeht, hinter der Linse wieder in einem Bildpunkt P' zusammengeführt wird. Deshalb genügt es, den Weg von besonderen Lichtbündeln zu verfolgen, um zu wissen, wo der Bildpunkt P' liegt.

Im Versuch nach ▸ Bild 03 treffen drei besondere Lichtbündel auf eine Linse. Wir sehen:

1. Ein schmales Lichtbündel parallel zur optischen Achse verläuft nach der Linse durch den Brennpunkt.
2. Ein schmales Lichtbündel, das durch den Brennpunkt geht, verläuft nach der Brechung parallel zur optischen Achse.
3. Ein schmales Lichtbündel, das durch den Mittelpunkt der Linse verläuft, ändert seine Richtung nicht.

Diese drei besonderen Lichtbündel treffen sich hinter der Linse in dem Punkt P'. Also werden alle Lichtbündel, die von dem Punkt P aus durch die Linse gehen, in P' zusammengeführt. P' ist dann der gesuchte Bildpunkt.

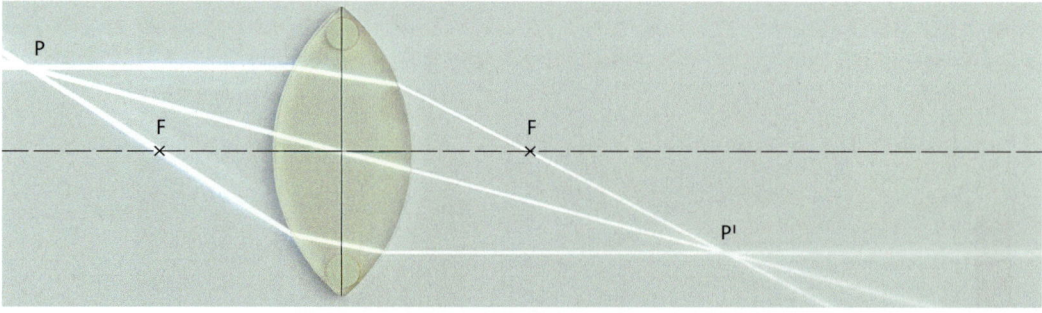

03 Drei besondere Lichtbündel genügen, um den Bildpunkt zu finden.

/// **METHODE** ///

Konstruktion von Bildpunkten

Um Bildpunkte bei Linsen zu konstruieren, machen wir einige Vereinfachungen:

1. Wir zeichnen Lichtbündel als Lichtstrahlen.

2. Wir zeichnen nur die drei besonderen Lichtstrahlen **Parallelstrahl, Mittelpunktstrahl** und **Brennpunktstrahl.**

3. Wir ersetzen die zweifache Brechung an den Grenzflächen der Linse durch eine einzige an der Mittelebene.

Dabei spielt es keine Rolle, ob die eingezeichneten Lichtstrahlen überhaupt die Linse treffen oder nicht, denn es handelt sich nur um Hilfslinien zur Konstruktion. Zwei Lichtstrahlen genügen dabei. Mit dem dritten Strahl kannst du prüfen, ob du korrekt gezeichnet hast.

1. Schritt: Zeichne die optische Achse, die Mittelebene, die Brennpunkte und den Gegenstandspunkt P.

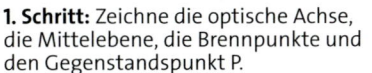

2. Schritt: Zeichne den Parallelstrahl. Er wird an der Mittelebene zum Brennpunktstrahl.

3. Schritt: Zeichne den Mittelpunktstrahl. Der Schnittpunkt mit dem Brennpunktstrahl ergibt den Bildpunkt P'.

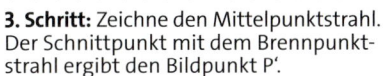

4. Schritt: Zeichne zur Kontrolle den Brennpunktstrahl. Er wird an der Mittelebene zum Parallelstrahl.

04 So konstruieren wir zum Gegenstandspunkt P den Bildpunkt P'.

UNTERSCHIEDLICHE BILDGRÖSSEN · Du weißt schon: Je kleiner die Gegenstandsweite ist, desto größer ist das Bild. Wenn der Gegenstand zu nahe an der Linse ist, dann entsteht kein Bild mehr. Mithilfe der besonderen Lichtstrahlen können wir dies verstehen. ▸ Bild 05 zeigt: Für kleiner werdende Gegenstandsweiten ändert der Parallelstrahl seinen Verlauf nicht. Der Mittelpunktstrahl verläuft dagegen immer steiler. Bildweite und Bildgröße werden immer größer. Wenn die Gegenstandsweite genauso groß wie die Brennweite der Linse ist, dann verlaufen die Strahlen hinter der Linse parallel. Da sich parallele Geraden nicht schneiden, gibt es keinen Bildpunkt P' mehr. Bei noch kleineren Gegenstandsweiten sind die Strahlen hinter der Linse sogar divergent.

1 Bestimme durch eine Konstruktion die Bildgröße für $g = 2f$.

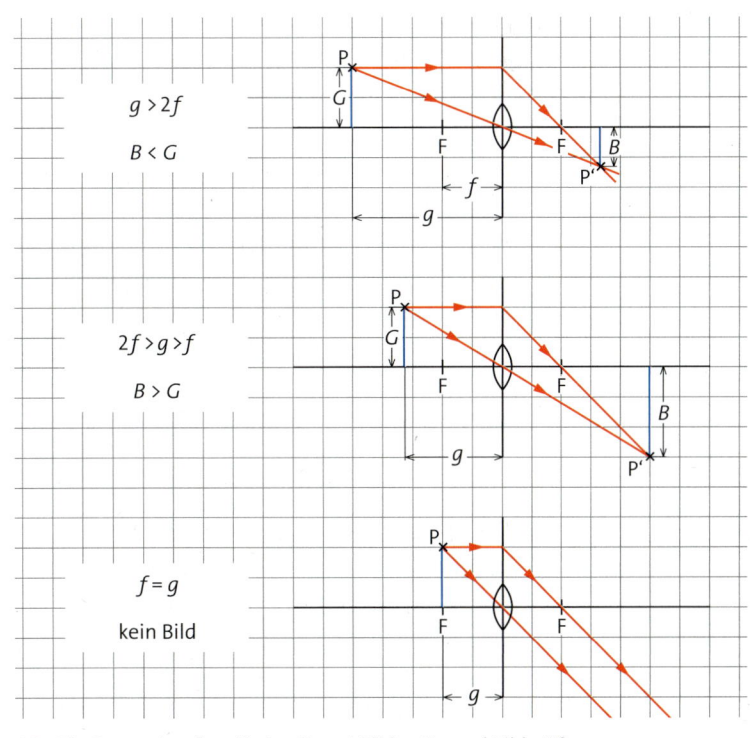

05 Die Gegenstandsweite bestimmt Bildweite und Bildgröße.

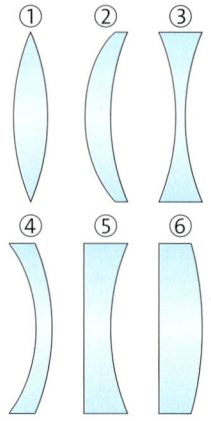

01 Verschiedene Linsenformen

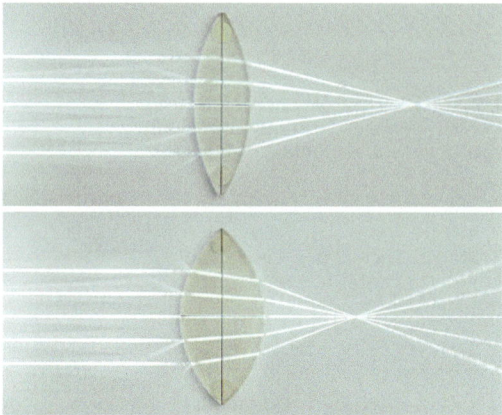

02 Die Form bestimmt die Brennweite.

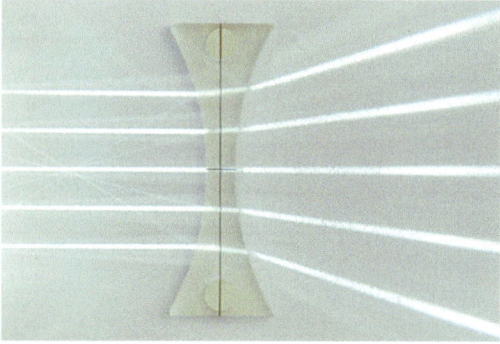

03 Eine Zerstreuungslinse weitet ein paralleles Lichtbündel auf.

DIE LINSENFORM IST WICHTIG

DIE LINSENFORM IST WICHTIG · Die Linsen, die wir bis jetzt untersucht haben, waren in der Mitte dicker als am Rand. Sie können auftreffendes Licht in einem Punkt „sammeln". Man nennt sie deshalb **Sammellinsen.** Es gibt verschieden stark gewölbte Sammellinsen. Und es gibt auch Linsen, die in der Mitte dünner sind als am Rand (▸ Bild 01).

Wir untersuchen zunächst, wie sich eine Sammellinse mit flacher Wölbung von einer Sammellinse mit starker Wölbung unterscheidet. Wir lassen jeweils schmale Lichtbündel parallel zur optischen Achse auf die Sammellinsen treffen (▸ Bild 02). Die stärker gewölbte Linse ändert die Ausbreitungsrich-

tung des Lichts stärker; ihre Brennweite ist kleiner als die Brennweite der flacher gewölbten Linse.

Wenn wir die Lichtbündel auf eine Linse treffen lassen, die in der Mitte dünner ist als am Rand, dann beobachten wir, dass auch diese Linse die Ausbreitungsrichtung des Lichts ändert. Allerdings laufen die Lichtbündel anders als bei den Sammellinsen hinter der Linse auseinander. Solche Linsen heißen **Zerstreuungslinsen** (▸ Bild 03).

/// Sammellinsen sind in der Mitte dicker als am Rand. Zerstreuungslinsen sind in der Mitte dünner als am Rand.

BILDER, DIE ES NICHT GIBT · Mit Sammellinsen hast du bisher nur solche Bilder konstruiert, die du auch auf einem Schirm sichtbar machen konntest **(reelle Bilder).** Wenn du aber einen Gegenstand zwischen Brennpunkt und Linse aufstellst, dann entsteht ein **virtuelles Bild.** (▸ Bild 04).

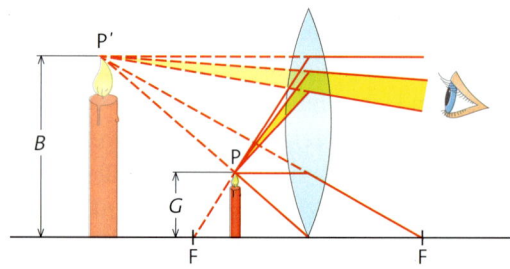

04 Konstruktion eines virtuellen Bildes

1」 Nenne Merkmale, anhand derer man Sammellinsen von Zerstreuungslinsen unterscheiden kann.

2」 Bestimme, welche der Linsen im ▸ Bild 01 Sammellinsen, welche Zerstreuungslinsen sind. Begründe.

3」 Erläutere den Begriff Brennweite einer Sammellinse.

VERSUCHE ▸ Abbildungen mit Linsen

Mit den folgenden Versuchen erkundest du, wie man Gegenstände mit Linsen abbilden und das Bild beeinflussen kann.

Material:

Verschiedene Linsen, eine Kerze, ein Schirm

V1 Bilder mit Linsen

Durchführung:

a) Stelle Kerze, Linse und Schirm hintereinander auf (Abstand jeweils ca. 25 cm). Verschiebe den Schirm so lange, bis du ein scharfes Bild erhältst.
b) Decke einen Teil der Linse ab und beobachte das Bild. Schreibe auf, wie sich das Bild verändert hat.
c) Drehe die Linse und beobachte, ob sich das Bild verändert hat. Notiere deine Beobachtungen.

V2 Gegenstandsweite, Bildweite und Bildgröße

Durchführung:

Bilde die Kerze mit einer Linse auf den Schirm ab. Rücke die Kerze schrittweise näher an die Linse und verschiebe den Schirm, bis du wieder ein scharfes Bild erhältst. Schreibe auf, wie der Schirm verschoben werden muss. Formuliere Je-desto-Aussagen zum Zusammenhang von Gegenstandsweite, Bildweite und Bildgröße. Findest du immer ein scharfes Bild?

V3 Brennweite, Bildweite und Bildgröße

Durchführung:

Bilde die Kerze mit einer Linse ab. Verwende bei gleicher Gegenstandsweite Linsen mit anderen Brennweiten. Verschiebe den Schirm, bis du ein scharfes Bild erhältst. Schreibe auf, wie der Schirm verschoben werden muss. Formuliere Je-desto-Aussagen zum Zusammenhang von Brennweite, Bildweite und Bildgröße. Findest du immer ein scharfes Bild?

Material A ▸ Black boxes

A1 Die Zeichnung zeigt vier verschiedene Situationen, in denen Lichtbündel durch eine Linse verlaufen. Ordne die drei Linsen a), b), c) den Situationen 1) bis 4) zu. Begründe deine Zuordnung.

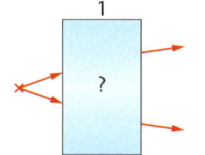 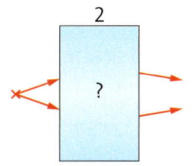 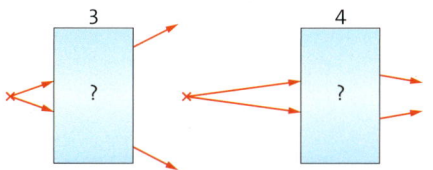 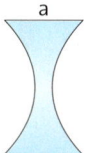  

Material B ▸ Konstruktionen

B1 Ein Gegenstand ist 3 cm hoch und steht 6 cm vor einer Sammellinse (Brennweite 2 cm). Konstruiere das Bild.

B2 Sortiere die Kärtchen in die Tabelle ein. Fertige dazu Konstruktionszeichnungen an. Vielleicht kommst du in manchen Fällen auch ohne Zeichnung aus.

B3 Ein Gegenstand wird mit einer Linse abgebildet. Gegenstandsweite: 4 cm, Bildweite: 6 cm. Bestimme die Brennweite der Linse durch Konstruktion.

Gegenstandsweite	Bildweite	Bildgröße
$g = f$	kein Bild	kein Bild

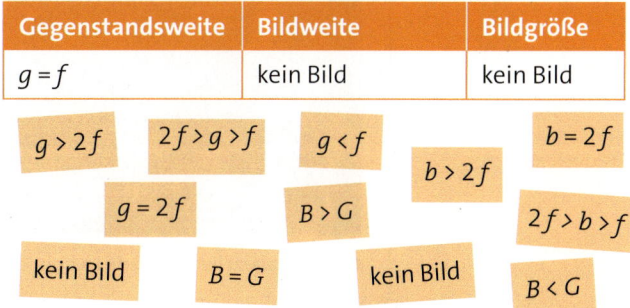

Fotoapparat

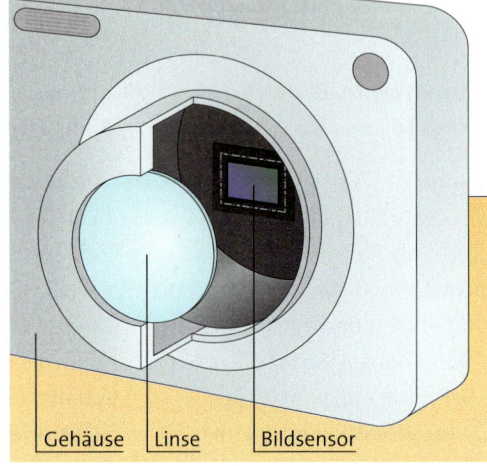

01 Beim Fotoapparat erkennen wir drei Hauptkomponenten: Gehäuse, Linse und Bildsensor.

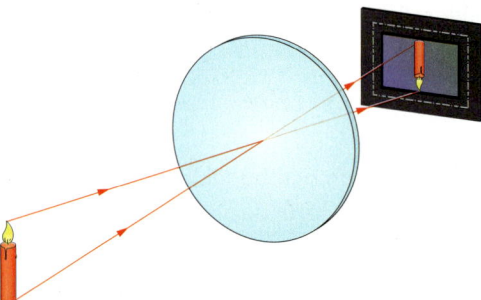

02 Die Linse erzeugt ein Bild auf dem Bildsensor.

03 Die Solarzellen wandeln Licht in Elektrizität.

Aufbau · Wenn du eine Kerze fotografierst, dann trifft deren Licht auf die Linse deines Fotoapparats (▸ Bild 01). Die Linse erzeugt ein Bild der Kerze (▸ Bild 02). Dieses Bild wird aufgezeichnet. Bei der Digitalkamera wird dazu das Licht in Elektrizität umgewandelt, wie bei einer Solarzelle. Während es bei der Solaranlage im ▸ Bild 03 nur 28 einzelne Module gibt, befinden sich in der Digitalkamera viele Millionen winzige Module. Jedes dieser Module speichert seine Elektrizität als winzige Bildinformation ab. Später werden diese Bildinformationen wie Puzzlesteine für den Betrachter wieder zu einem Bild zusammengefügt. Das kann beim Ausdrucken des Bildes geschehen oder in einem Display. Die winzigen Solarmodule sind zu einem Bauteil zusammengefasst. Dieses Bauteil heißt **Bildsensor** (▸ Bild 01).

So fokussierst du richtig · Betrachte einmal das Foto im ▸ Bild 04. Das Gesicht der Statue erscheint verschwommen. Die Linse hat im ▸ Bild 04 anscheinend die entfernten Körper scharf und nahe Körper unscharf auf den Bildsensor abgebildet. Das verwundert nicht, denn eine Linse bildet unterschiedlich entfernte Gegenstände nicht gleich scharf ab. Wenn man die Linse etwas verschiebt, dann ist es genau umgekehrt (▸ Bild 05).
Viele Fotoapparate verschieben die Linse automatisch so, dass der Körper in der Mitte richtig fokussiert ist. Das automatische Fokussieren bei einer Fotokamera heißt **Autofokus.** Bei leistungsfähigeren Fotoapparaten kannst du das Objekt wählen, das der Autofokus richtig fokussieren soll. Manche Kameras bieten dir die Möglichkeit selbst zu fokussieren.

Vergrößerung und Bildwinkel · Im ▸ Bild 06 A kannst du die Meise an der Futterkugel gut erkennen. Aber das Gesicht der Meise wird erst im ▸ Bild 06 B deutlich sichtbar. Es sieht so aus, als hätte der Fotograf durch ein Fernrohr hindurch fotografiert. Tatsächlich kann man an seinen Fotoapparat ein Fernrohr anbauen (▸ Bild 07). Dieses Fernrohr zusammen mit der Linse heißt **Teleobjektiv.**

Ein Teleobjektiv stellt die fotografierten Körper vergrößert und detailreicher dar als eine gewöhnliche Linse. Man kann auch mit veränderbarer Vergrößerung fotografieren. Dazu ersetzt man die Linse des Fotoapparats durch ein **Zoomobjektiv.**

Die Vergrößerung durch ein Teleobjektiv hängt von der Brennweite des Objektivs ab. Du kannst die Vergrößerung verdoppeln, indem du die Brennweite verdoppelst. Beispielsweise hat ein gutes Teleobjektiv eine Brennweite von 300 mm. Zwar ist die Vergrößerung im ▸ Bild 06 A relativ gering, man erkennt dafür aber mehr Gegenstände als im ▸ Bild 06 B. Denn die Kamera nimmt einen weiten Winkelbereich auf, dessen Größe in Grad heißt **Bildwinkel.** So gibt es für jeden Zweck ein passendes Objektiv.

1. Im ▸ Bild 04 sollte die Statue fotografiert werden. Beschreibe, warum das Foto misslungen ist und gib an, wie man es besser macht.

2. Bestimme den Faktor, um den die Meise im ▸ Bild 06 B größer abgebildet ist als im ▸ Bild 06 A. Diese Vergrößerung wurde durch eine größere Brennweite erreicht. Gib an, um welchen Faktor die Brennweite vergrößert wurde.

04 Nur entfernte Körper werden gut fokussiert.

05 Nur nahe Körper werden gut fokussiert.

06 **A** Die Kamera hat einen großen Bildwinkel.
B Die Meise ist vergrößert abgebildet.

07 Smartphone als Fotoapparat mit Teleobjektiv

Lichtausbreitung und Sehen

Lichtquellen senden von selbst Licht aus, zum Beispiel Sonne und Kerze. **Lichtempfänger** verarbeiten Licht, zum Beispiel Auge und Fotoapparat.
Beim **Sehen** gelangt Licht direkt von einer Lichtquelle oder indirekt von einem beleuchteten Körper ins Auge.
Licht breitet sich **geradlinig** aus. Wenn das von einer Lichtquelle ausgehende Licht eingegrenzt wird, dann entstehen **Lichtbündel.** Man zeichnet Licht in Form von Lichtbündeln oder vereinfacht in Form von **Lichtstrahlen.**

Schatten: Wenn Licht auf einen Gegenstand trifft, dann entsteht dahinter ein dunkler Raum, der **Schattenraum.** Das **Schattenbild** kann auf einer Fläche hinter dem Gegenstand entstehen.

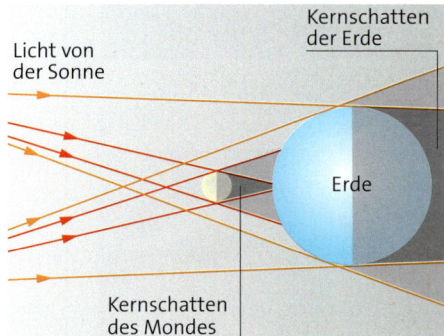

Unsere wichtigste Lichtquelle ist die **Sonne.** Nachts befinden wir uns im Kernschatten der Erde, bei einer **totalen Sonnenfinsternis** im Kernschatten des Mondes. Die Sonne beleuchtet eine Hälfte des Mondes. Da der Mond in 28 Tagen einmal um die Erde wandert, erscheint er uns unterschiedlich beleuchtet. Die wesentlichen dabei auftretenden **Mondphasen** sind Neumond, Halbmond und Vollmond.

Licht an Grenzflächen

Wenn Licht auf eine Grenzfläche trifft, dann kann Folgendes geschehen:
Bei der **Absorption** verschluckt die Oberfläche Licht.
Bei der **Streuung** wird Licht in alle Richtungen umgelenkt.
Bei der **Reflexion** wird Licht in eine Richtung zurückgeworfen.
Bei der **Brechung** wird das Licht in eine Richtung abgeknickt.

Reflexion: Bei der Reflexion sind der Einfalls- und der Reflexionswinkel gleich groß. Das einfallende Lichtbündel, das reflektierte Lichtbündel und das Lot liegen in einer Ebene.

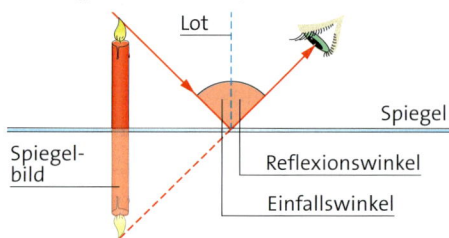

Lichtbrechung: Bei der Lichtbrechung liegen das einfallende Lichtbündel, das gebrochene Lichtbündel und das Lot in einer Ebene. Beim Übergang von einem optisch dünneren Stoff zu einem optisch dichteren Stoff, zum Beispiel von Luft nach Wasser, wird das Licht zum Lot hin gebrochen. Der **Lichtweg** ist umkehrbar.

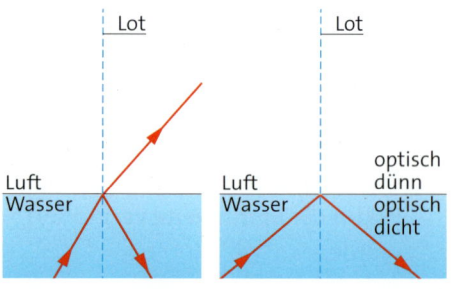

Totalreflexion: Wenn Licht vom Wasser auf die Grenzfläche zur Luft trifft und der Einfallswinkel kleiner als der **Grenzwinkel** ist, dann wird das Licht gebrochen. Wenn der Einfallswinkel größer als der Grenzwinkel ist, dann tritt **Totalreflexion** auf. Das Licht wird vollständig reflektiert.

Optische Abbildungen

Sammellinsen können scharfe und helle Bilder erzeugen.
Bei Sammellinsen gilt: Die **Bildgröße B** ist umso größer, je größer die Bildweite ist, je kleiner die Gegenstandsweite ist und je größer die Gegenstandsgröße G ist.

An der Mittelebene einer Sammellinse wird ein **Parallelstrahl** zum Brennpunktstrahl, ein **Brennpunktstrahl** wird zum Parallelstrahl. Ein **Mittelpunktstrahl** bleibt unverändert.

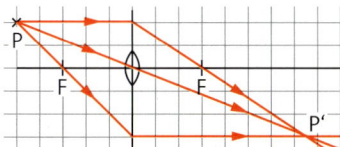

Grundmerkmale wichtiger Bilderzeuger:

Bild-erzeuger	Erzeu-gung	Ort des Bildes
Lochkamera	Loch	Schirm
Sammellinse	Linse	Schirm
Kamera	Linse	Bildsensor

Zerstreuungslinse: Wenn Lichtbündel parallel zueinander auf eine Zerstreuungslinse treffen, dann laufen sie hinter der Linse auseinander.

Überprüfe dich selbst:

Kann ich ...

... Beispiele für Lichtquellen, beleuchtete Körper und Lichtempfänger nennen? (S. 18 f.)

... den Weg des Lichts beim Sehen beschreiben und zeichnen? (S. 21)

... erläutern, was man unter einem Lichtbündel und einem Lichtstrahl versteht? (S. 20)

... die Begriffe Schattenraum und Schattenbild erläutern und Schattenbilder konstruieren? (S. 22 f.)

... erklären, wie Mondphasen und Finsternisse entstehen? (S. 26 ff.)

... das Reflexionsgesetz wiedergeben und anwenden? (S. 30 f.)

... die Entstehung von Spiegelbildern beschreiben und Spiegelbilder konstruieren? (S. 34 ff.)

... den Lichtweg bei der Lichtbrechung beschreiben und zeichnen? (S. 40 f.)

... die Totalreflexion erläutern? (S. 44 f.)

... die Bildentstehung bei der Lochkamera erklären und das Bild konstruieren? (S. 48 f.)

... die Bildentstehung bei der Sammellinse beschreiben und die Abhängigkeit der Bildgröße von der Bildweite, der Gegenstandsweite und der Gegenstandsgröße erläutern? (S. 52 ff.)

... die Bildentstehung im Auge und in der Kamera beschreiben? (S. 58 f.)

Eigenschaften und Bewegung von Körpern

In diesem Kapitel beschäftigst du dich mit

- ► Körpern und Stoffen, denen du im Alltag begegnest. Du erfährst, dass du mit deinen fünf Sinnen viele Eigenschaften von Stoffen wahrnehmen kannst, die dir helfen, Stoffe zu unterscheiden. Darüber hinaus lernst du weitere charakteristische Eigenschaften von Körpern kennen. Dabei stellst du fest, dass die Kenntnis dieser Eigenschaften für die Nutzung im Alltag sehr hilfreich ist.

- ► den Erscheinungsformen von Stoffen. Du erfährst, dass derselbe Stoff unterschiedliche Zustände annehmen kann. Du lernst, wovon es abhängt, in welchem Zustand ein Stoff vorliegt.

- ► der Bewegung von Körpern. Du lernst, wie man mit der Geschwindigkeit Bewegungen beschreiben kann, und erfährst, wie man sie misst. Du erweiterst deine Fähigkeiten, Diagramme zu erstellen und daraus Informationen zu entnehmen.

01 A Verschiedene Gegenstände aus Stahl, **B** Teller aus verschiedenen Stoffen

Stoffe und ihre Eigenschaften

In den Naturwissen-schaften spricht man allgemein von einem Körper und meint damit auch Pflanzen, Tiere oder Menschen

Im Alltag hast du mit vielen verschiedenen Gegenständen zu tun. Die Gegenstände unterscheiden sich nicht nur in ihrer Größe und Form, Farbe oder Geruch, sondern auch durch das Material, aus dem sie bestehen. So gibt es kleine, mittlere und große Teller aus Glas, Kunststoff, Keramik, Metall oder Holz.

In der Physik interessiert man sich nicht nur für die Gestalt oder Größe von Gegenständen, denn beides ist wichtig für die Nutzungsmöglichkeiten. So haben zum Beispiel eine Stahlfeder, ein Stahlblech und ein Stahlträger ganz unterschiedliche Eigenschaften. Aber alle drei sind aus Stahl (▸ Bild 01).

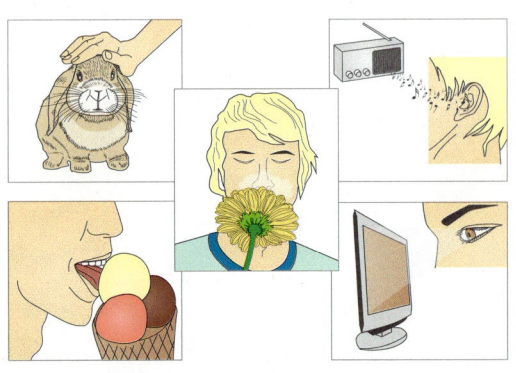

STOFFE UND KÖRPER · In der Physik interessiert man sich auch dafür, aus welchem Material ein Gegenstand oder Körper besteht. Bei einer Banane zum Bespiel ist die Gestalt eher unwichtig. Viel interessanter sind Geschmack und Geruch der Banane. Diese beiden Merkmale machen die Banane zur Banane.

Die meisten Körper bestehen aus mehreren, verschiedenen Materialien. So ist ein Fernsehgerät aus Einzelteilen hergestellt, die wiederum aus verschiedenen Kunststoffen, Metallen und Glas bestehen.

Man spricht dabei nicht von Materialien, sondern von Stoffen. Um Stoffe unterscheiden zu können, muss man ihre Eigenschaften kennen.

UNSERE FÜNF SINNE · Einige Stoffeigenschaften können wir Menschen mithilfe unserer Sinne erkennen. Damit können wir ohne Hilfsmittel Stoffe voneinander unterscheiden. Wir Menschen besitzen fünf Sinne: Sehen, Hören, Riechen, Schmecken und Tasten (▸ Bild 02).

02 Unsere fünf Sinne

Durch den Geschmack können wir zum Beispiel ganz leicht eine saure von einer süßen Limonade unterscheiden.

Mit unserem Tastsinn können wir Holz-, Metall- und Kunststofflöffel unterscheiden (▸ Bild 03).

Die Metalle Gold, Silber und Kupfer können wir anhand ihrer unterschiedlichen Farbe mithilfe unserer Augen unterscheiden (▸ Bild 04).

Wir können Stoffe auch aufgrund ihres unterschiedlichen Klanges unterscheiden. Holz-, Metall-, und Kunststoffkörper klingen verschieden, wenn man sie zu Boden fallen lässt oder an ihnen klopft.

Gute Dienste erweist uns täglich unsere Nase bei der Bewertung, ob Speisen noch genießbar sind, der saure Geruch von „schlechter" Milch ist leicht zu erkennen.

ALLE FÜNF SINNE ERGÄNZEN SICH · Häufig reicht nur ein Sinn zur Unterscheidung oder Bestimmung von Stoffen nicht aus. Dann ist es besser, so viele Sinne wie möglich gleichzeitig zu nutzen. Zum Beispiel geben uns Farbe, Geruch und Härte von Früchten Auskunft über ihren Reifegrad.
Die einzelnen Sinne können sogar durch Training verbessert werden. Dies ist besonders für Menschen mit Sinneseinschränkungen wichtig. Blinde können sich durch gezielte Schulung ihres Gehörs sehr gut ohne die Hilfe ihrer Augen orientieren (▸ Bild 05).

Unsere Sinneseindrücke liefern viele wertvolle Informationen über Stoffe in unserer Umwelt. Deshalb werden diese Eindrücke in Versuchsprotokollen im Abschnitt „Beobachtung" aufgeschrieben.

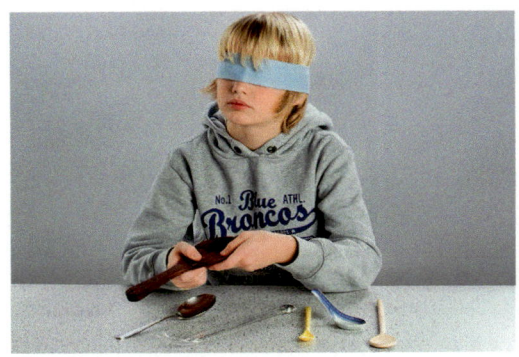

03 Stoffe werden ertastet.

04 Stoffe lassen sich durch Sehen unterscheiden.

05 Eine blinde Person überquert allein eine Straße.

1❙ Ordne nach Körper und Stoff:
Säge, Glas, Schere, Silber, Brille, Eisen, Stuhl, Treppe, Wolle, Wasser, Bleistift.

2❙ Gib an, welche Sinne du zur Unterscheidung der Stoffe aus Aufgabe 1 nutzen kannst.

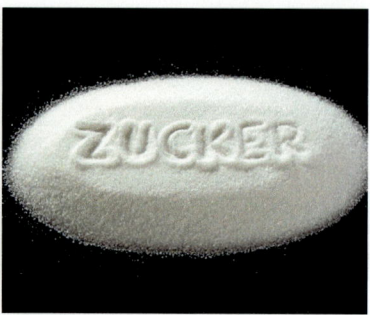

01 Unsere Augen können Salz und Zucker kaum unterscheiden.

03 Brotteig – ein Stoffgemisch

GRENZEN UNSERER SINNE · Unsere Sinne erreichen auch schnell ihre Grenzen. Da zum Beispiel unser Hörsinn nur für einen bestimmten Hörbereich entwickelt ist, können wir das Geräusch einer Hundepfeife nicht hören, die Hunde schon.

Viele Stoffe lassen sich durch einen einzigen Sinn nicht unterscheiden. Beim Kochen kommt es vor, dass Zucker und Salz verwechselt werden. Rein optisch sind beide Stoffe sehr ähnlich (▸ Bild 01). Deshalb macht man vorher eine Geschmacksprobe.

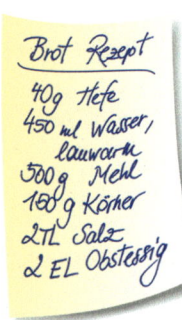

02 Rezept für ein Brot

Ähnlich verhält es sich mit der Intensität der Sinneseindrücke. So können wir zwar feststellen, ob eine Schokoladensorte süß schmeckt. Aber wir können nicht genau sagen, wie süß sie ist. Unser Geschmack besitzt keine allgemeingültige Skala, die die „Süße" genau beschreibt, um anderen Menschen den Grad der Süße mitzuteilen.

Die Tatsache, dass unsere Sinne begrenzt sind, kann unter Umständen auch sehr gefährliche Folgen haben. Wenn eine Person zum Beispiel allergisch auf Erdnüsse reagiert, dann können schon die geringsten Mengen davon in Lebensmitteln lebensbedrohlich sein, selbst dann, wenn man diese noch nicht schmecken kann. Hierin liegt eine der häufigsten Ursachen für Vergiftungen.

STOFFGEMISCHE · Stoffe im Alltag wie zum Beispiel Brot, Duschgel, Mineralwasser oder Waschmittel sind Stoffgemische. Oft kann man den Stoffen nicht ansehen, dass es sich um Stoffgemische handelt (▸ Bild 03).

Dass Zitronenlimonade aus Zitronensaft und Zucker besteht, kann man gut herausschmecken. Aber bei Gemischen wie zum Beispiel einem Brot oder einem Kuchen ist das Herausschmecken der Bestandteile schon viel schwieriger oder sogar unmöglich. Hier kann ein Blick in das Rezept helfen (▸ Bild 02).

Stoffgemische besitzen je nach Mischungsverhältnis unterschiedliche Eigenschaften. Ein **Reinstoff** hat eindeutige Eigenschaften, die ihn charakterisieren. Beispiele aus dem Alltag sind Aluminium(-folie) und Wasser.

/// Als Reinstoff bezeichnet man einen Stoff, der nur aus einer Sorte von Stoff besteht. Unter einem Stoffgemisch versteht man einen Stoff, der aus mindestens zwei Reinstoffen besteht.

Ideale Reinstoffe gibt es normalerweise nicht. Im Alltag vorkommende Reinstoffe enthalten immer kleine Mengen von anderen Stoffen. Die sind aber so gering, dass sie die Eigenschaften des Reinstoffs nicht beeinflussen.

VERSUCHE ► Stoffe mit den Sinnen unterscheiden

In den folgenden Versuchen wirst du mit einem Partner verschiedene Stoffe mithilfe deiner Sinne untersuchen und unterscheiden.

V1 Hören

Material:

Schal oder Tuch, diverse Gegenstände aus verschiedenen Stoffen (zum Beispiel Stifte, Würfelzucker, Papier, ...)

Durchführung:

Verbinde deinem Partner die Augen.

Lass nun die Gegenstände nacheinander fallen und deinen Partner erraten, um welchen Stoff es sich handelt.

Anschließend bist du mit Raten an der Reihe.

V2 Riechen

Material:

12 Kunststoffdöschen, verschiedene Gerüche (stark riechende, aber nicht gesundheitsschädliche Dinge, z. B. ein Stück Banane, ein Stück Orange, Nelkengewürz usw.).

Wenn du nicht weißt, ob etwas tatsächlich unschädlich ist, dann frage deinen Lehrer oder deine Lehrerin danach.

Durchführung:

Vorbereitung: Bohre mit einem kleinen Schraubendreher kleine Löcher in die Döschen.

Beschrifte anschließend je zwei Dosen auf der Unterseite mit dem gleichen Namen des Geruchstoffs und fülle sie mit dem gleichen Geruchsstoff.

Spiel: Spiele mit deinem Partner und den vorliegenden Filmdöschen Memory. Jeder darf der Reihe nach zwei Döschen auswählen und daran riechen. Wenn einer von euch den gleichen Geruch in zwei Döschen gefunden hat, gehört ihm das Dosenpärchen. Zum Absichern könnt ihr die Döschen umdrehen und lesen, was ihr gerochen habt und ob es zwei gleiche Gerüche sind.

V3 Schmecken

Material:

Verschiedene Schokoladen (Hersteller, Sorten), Schal oder Tuch zum Verbinden der Augen

Durchführung:

Dein Partner verbindet dir die Augen und reicht dir nacheinander kleine Stücke der unterschiedlichen Schokoladensorten. Versuche mit verbundenen Augen die Sorten zu bestimmen. Anschließend ist dein Partner mit dem Probieren an der Reihe.

V4 Tasten

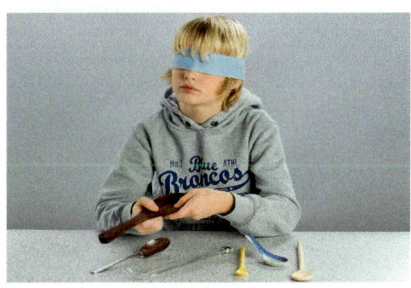

Material:

verschiedene Stoffe (Kaffeepulver, Salz, Zucker, ...), verschiedene Gegenstände (Kerze, Seife mit verschiedenen Formen, Wolle, ...), Nasenklemme (Wäscheklammer), Schal oder Tuch

Durchführung:

Verbinde deinem Partner die Augen und setze ihm die Nasenklemme auf.

Gib deinem Partner nach und nach die verschiedenen Stoffe bzw. Gegenstände und lass ihn ertasten.

Dein Partner soll sagen, um welchen Stoff es sich handelt.

Falls er ihn durch Tasten nicht erkennen kann, darf er die Nasenklemme abnehmen und zudem noch riechen.

Anschließend bist du an der Reihe.

01 Ganz schön schwer, oder?

Masse und Volumen von Körpern

Wir sind von vielen verschiedenen Dingen umgeben. Wir unterscheiden sie anhand ihrer Eigenschaften. Der Felsbrocken ist groß, hart und rau. Das Kind ist dunkelhaarig, klein und stark. Wir betrachten nun zwei wichtige Eigenschaften, die jeder Körper besitzt – egal, ob Felsen, Kind, Speiseeis oder Smartphone.

SCHWER ODER LEICHT – DIE MASSE · Wenn du deine Schultasche in die Hand nimmst, dann spürst du, ob sie schwer oder leicht ist. Aber wie schwer sie genau ist, kannst du

02 Die Tasche wiegt 19 „Apfel".

nicht sagen. Wenn du deine Tasche und die deines Sitznachbarn mit beiden Händen gleichzeitig hochhebst, dann kannst du spüren, welche Tasche schwerer ist. Das Gefühl der „Schwere" beruht auf einer Eigenschaft, die alle Körper besitzen. Man nennt diese Eigenschaft **Masse.** Schwere Körper haben eine große Masse, leichte Körper eine kleine.

Wenn du Gegenstände mit deinen beiden Armen hältst, dann kann du Massen vergleichen. Aber wie kannst du die Masse deiner Schultasche nun wirklich bestimmen? Du könntest ihre Masse zum Beispiel mit einer Anzahl Äpfel vergleichen. Wenn du deine Schultasche in die eine Hand und in die andere Hand einen Beutel mit Äpfeln nimmst, dann kannst du mit etwas Probieren herausfinden, wie groß die Masse deiner Tasche in der Einheit „Apfel" ist (▶ Bild 02).
Diese Methode ist ziemlich ungenau. Das liegt auch daran, dass Äpfel unterschiedliche Masse haben. Das genauere Verfahren funktioniert aber ganz ähnlich.

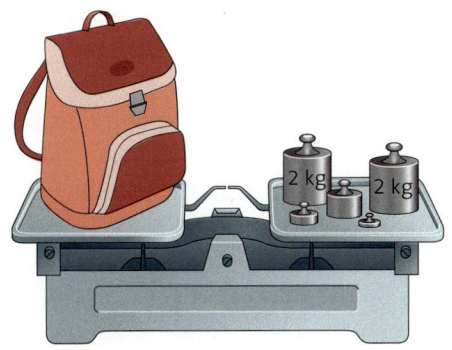

03 Die Masse der Tasche beträgt 4,75 kg.

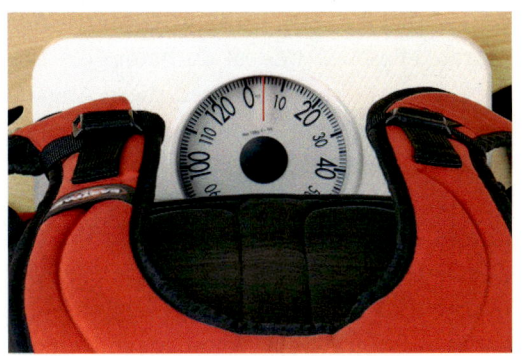

04 Die Schultasche auf der Personenwaage

05 Küchenwaage

BESTIMMUNG DER MASSE · Die Äpfel ersetzen wir durch Vergleichsmassen, die eindeutig bestimmt sind. 1889 einigte man sich international auf das Kilogramm als allgemeingültige Vergleichsmasse. Ein Kilogramm ist die Masse des sogenannten „Urkilogramms", eines speziellen Metallkörpers, der in Paris aufbewahrt wird. Von diesem Urkilogramm existieren in allen Ländern exakte Kopien.

Für Messungen werden oft auch andere Vergleichsmassen benötigt. Solche Vergleichsmassen nennen wir auch Massestücke.

Um die Masse deiner Schultasche zu bestimmen, benutzen wir statt unserer Arme eine Tafelwaage. Damit kann man Massen viel genauer vergleichen. Auf die eine Seite der Tafelwaage stellen wir deine Tasche und auf die andere Seite so viele Massestücke, bis die Waage im Gleichgewicht ist. Die Gesamtmasse der Massestücke ist dann gleich der Masse deiner Tasche (▸ Bild 03). Fassen wir zusammen:

/// Jeder Körper hat eine Masse. Sie gibt an, wie schwer der Körper ist.
Die Einheit der Masse ist ein Kilogramm (kurz: 1 kg).

WAAGEN IM ALLTAG · Vielleicht gibt es bei dir zuhause eine Personenwaage (▸ Bild 04) oder eine Küchenwaage (▸ Bild 05). Die Personenwaage kann größere Massen bestimmen, die Küchenwaage dafür kleinere Massen, aber viel genauer. Mit der Personenwaage kannst du deine Tasche nun viel bequemer wiegen als mit der Tafelwaage. Du stellst einfach die Tasche auf die Waage und liest die Masse auf der Skala ab (▸ Bild 04). Die Waage hat im Inneren verformbare Teile. Diese verformen sich umso stärker, je schwerer die Tasche ist. Diese Verformung überträgt ein Mechanismus auf eine Skala.

KLEINE UND GROSSE MASSEN · Häufig hat man es mit kleineren oder größeren Massen zu tun. Die nächst kleinere Vergleichsmasse ist 1 Gramm (1 g). Sie ist so gewählt, dass 1000 g genau ein 1 kg sind. Eine Tafel Schokolade zum Beispiel hat meistens die Masse 100 g. Deine Schultasche kann zum Beispiel 5 kg und 637 g wiegen. Für noch größere Massen verwendet man die Vergleichsmasse 1 Tonne (1 t). Sie ist so gewählt, dass 1000 kg genau 1 t sind.

1 t	= 1000 kg
1 kg	= 1000 g
1 g	= 1000 mg
1 mg steht für 1 Milligramm	

1」 Gib für folgende Körper die Einheit an, in der man die Masse am sinnvollsten misst: Elefant, Mensch, Gummibärchen, Auto, Vogelfeder, gefüllte Schultasche.

01 Eine 1 l-Saftflasche

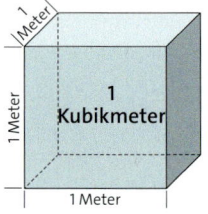

02 Volumen eines Würfels

$1 m^3 = 1000 l$
$1 dm^3 = 1 l$
$1 cm^3 = 1 ml$

GROSS ODER KLEIN – DAS VOLUMEN · Auf Getränkeflaschen findest du häufig die Angabe 1 l, in Worten: ein Liter. Diese Angabe beschreibt eine weitere Körpereigenschaft – das **Volumen.** Die Angabe besagt, dass der Saft in der Flasche einen Raum von 1 l einnimmt. Man sagt auch, dass der Saft in der Flasche ein Volumen von 1 l hat. Bei der Saftflasche im ▶ Bild 01 ist angegeben, dass die ganze Flüssigkeit ein Volumen von einem Liter (1 l) hat.

Das Volumen von Flüssigkeiten kannst du mit einem **Messbecher** bestimmen (▶ Bild 03, links). Außen oder innen befindet sich eine Skala, an der du das Volumen der Flüssigkeit im Messbecher ablesen kannst. Oft wird das Volumen auf Messbechern in Millilitern (ml) gemessen. Dabei gilt:
$1000 ml = 1 l$.

VOLUMEN VON FESTEN KÖRPERN MESSEN · Kann man mit einem Messbecher auch das Volumen fester Körper messen? Normalerweise geht das nicht. Die festen Körper füllen nicht den ganzen Raum im Messbecher aus (▶ Bild 03, rechts). Du liest also ein zu großes Volumen ab. Es gibt aber eine clevere Methode:
Wenn man zum Beispiel einen Stein in Wasser taucht, dann verdrängt der Stein eine bestimmte Menge Wasser – der Wasserspiegel im Messbecher steigt. Das Volumen des verdrängten Wassers ist genauso groß wie das Volumen des Steins. Das nutzen wir nun aus (▶ Bild 04).
Wir füllen Wasser in einen Messzylinder und lesen an der Skala das Volumen des Wassers ab, beispielsweise 500 ml. Dann tauchen wir den Stein vollständig ins Wasser. Am Wasserstand nach dem Eintauchen lesen wir das Gesamtvolumen von Stein und Wasser ab, sagen wir 720 ml. Das Volumen des Steins ergibt sich dann als Differenz der vor und nach dem Eintauchen abgelesenen Werte, im Beispiel:
$720 ml - 500 ml = 220 ml$.

KLEINE UND GROSSE VOLUMINA · Auch für das Volumen gibt es Vergleichskörper. Ein Würfel mit einer Kantenlänge von einem Meter (1 m) hat das Volumen 1 Kubikmeter ($1 m^3$) (▶ Bild 02). Er verdrängt genau 1000 l Wasser. Das ist sehr viel. Häufig nimmt man besser eine andere Einheit: Ein kleinerer Würfel mit der Kantenlänge 1 Dezimeter (1 dm) hat das Volumen von 1 Kubikdezimeter ($1 dm^3$) – das sind genau 1 l.

/// Jeder Körper hat ein Volumen. Es gibt an, wie viel Raum er einnimmt. Die Einheit ist ein Kubikmeter (kurz: $1 m^3$).

03 Volumenmessung mit dem Messbecher

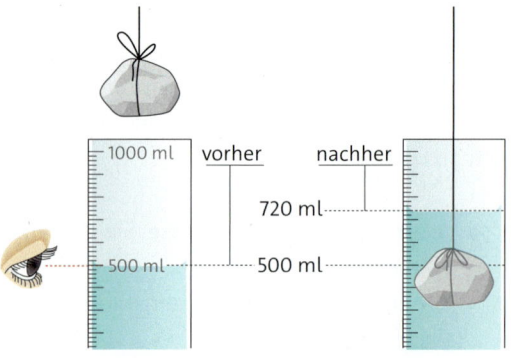

04 So bestimmt man das Volumen eines Steins.

VERSUCHE ▶ Messungen von Masse und Volumen

V1 Messungen mit einer Selbstbauwaage

Du baust eine Waage und misst damit Massen.

Material:

dünnes Gummiband, ein Plastikbecher, Klebeband, möglichst viele verschiedene Euro-Münzen, eine senkrechte Fläche (zum Beispiel Brett oder Tür), auf die du Klebeband kleben darfst.

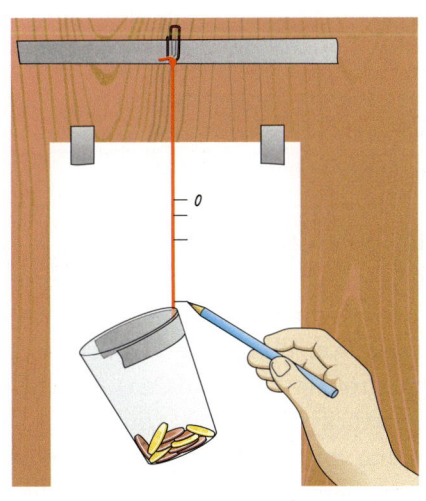

Bau der Waage:

- Informiere dich über die Massen der Euro-Münzen.
- Baue die Waage wie im Bild links.
- Markiere die Position des leeren Bechers. Lege nun nacheinander die Münzen in den Becher und markiere jeweils die neue Position.
- Beschrifte die Skala, in dem du die Masse in Gramm angibst.

Arbeitsauftrag:

a) Bestimme die Massen verschiedener Gegenstände mit deiner Gummiband-Waage. Notiere, bei welchen Gegenständen das gut gelingt und bei welchen weniger gut.
b) Bestimme den Messbereich deiner Waage.
c) Die Abstände der Skala sind nicht sehr gleichmäßig. Überlege, woran dies liegen könnte.

V2 Volumenmessungen

Du misst jeweils das Volumen von verschiedenen Körpern.

Material:

Messbecher mit Wasser, mehrere Gegenstände, die nass werden dürfen, mehrere gleiche Münzen

Arbeitsauftrag:

a) Bestimme jeweils das Volumen von verschiedenen Gegenständen, zum Beispiel eines Radiergummis oder eines Schlüsselbundes.
Notiere, bei welchen Gegenständen das gut gelingt und bei welchen weniger gut.
b) Bestimme das Volumen einer Münze. Überlege dir dazu, wie du mit mehreren gleichen Münzen die Messung vereinfachen kannst.
Beschreibe dein Vorgehen.

Material A ▶ Messbecher

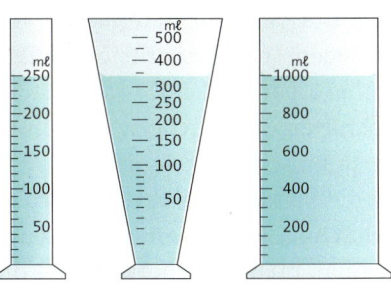

A1 Sammle die Vor- und Nachteile kegelförmiger Messbecher gegenüber breiten bzw. schmalen.

Material B ▶ Atemvolumen

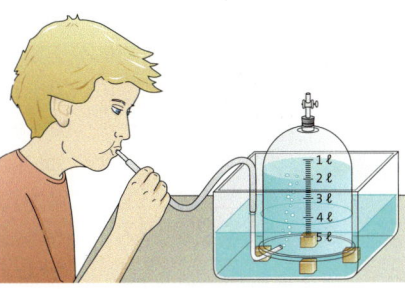

Auch Gase haben ein Volumen. Das Bild zeigt, wie du das Volumen deiner Atemluft bestimmen kannst.

B1 a) Beschreibe, was du auf dem Bild siehst. Überlege, worauf man achten muss, damit man tatsächlich das Volumen der Atemluft misst.
b) Führe den Versuch selbst durch.

B2 Lea fragt: „Kann man das Atemvolumen nicht einfach mit einem Luftballon bestimmen?"
Was meinst du? Überlege, wie ein entsprechender Versuch funktionieren könnte.

01 **A** Caber Tossing,
B Gewichtheben

Dichte

Es ist schwer zu sagen, welcher der beiden Athleten in ► Bild 01 die größere Masse stemmt. Der hölzerne Baumstamm ist groß, die Hantelscheiben sind vergleichsweise klein, aber aus Eisen. Die Masse eines Körpers hängt zum einen von seiner Größe, also seinem Volumen ab. Zum andern spielt eine Eigenschaft des Stoffes, aus dem der Körper besteht, eine Rolle. Welche Stoffeigenschaft das ist und welcher Zusammenhang mit der Körpermasse besteht, wird im Folgenden beschrieben.

Wir bleiben bei den Stoffen Holz und Eisen, verwenden aber anstelle von Baumstamm und Hantelscheiben handlichere Probekörper. In ► Tabelle 02 sind für verschiedene Volumina (V) die zugehörigen Massen (m) eingetragen. Wenn wir die beiden Stoffe jeweils für sich betrachten, dann erkennen wir, dass die Körper mit dem größeren Volumen auch die größere Masse besitzen.

VERGLEICH VERSCHIEDENER STOFFE · Wir vergleichen nun die Massen bei verschiedenen Stoffen. Das größte Eisenstück hat „nur" ein Volumen von 81 cm^3, besitzt aber mit 640 g eine größere Masse als das 489 cm^3 große Holzstück (m = 342 g). Um den Zusammenhang von Stoffeigenschaft und Körpermasse zu verstehen, ist es sinnvoll, den Einfluss des Volumens auf die Masse aus unseren Betrachtungen herauszuhalten. Dies gelingt, wenn wir Körper aus verschiedenen Stoffen, aber mit demselbem Volumen von z. B. 1 cm^3 wiegen. Hierzu könnte aus jedem unserer Probekörper ein 1 cm^3 großes Stück herausgeschnitten und gewogen werden. Es ist aber viel praktischer zu rechnen.

Wenn man die Masse z. B. eines Holzkörpers (m = 30 g) durch sein Volumen (V = 37,5 cm^3) teilt, dann erhält man den Quotienten $\frac{m}{V}$, die Masse pro 1 cm^3 Volumen:

$$\frac{m}{V} = \frac{30\ \text{g}}{42,9\ \text{cm}^3} = 0,7\ \frac{\text{g}}{\text{cm}^3}.$$

02 Volumen und Masse von verschiedenen Körpern

Stoff	V in cm^3	m in g	$\frac{m}{V}$ in $\frac{\text{g}}{\text{cm}^3}$
Buchenholz	43	30	$\frac{30}{43} = 0{,}7$
	244	171	$\frac{171}{244} = 0{,}7$
	489	342	$\frac{342}{489} = 0{,}7$
Eisen	32	253	$\frac{253}{32} = 7{,}9$
	50	395	$\frac{395}{50} = 7{,}9$
	81	640	$\frac{640}{81} = 7{,}9$

Für jeden Körper in ▸ Tabelle 02 steht der Quotient $\frac{m}{V}$ in der rechten Spalte. Sowohl für Buchenholz als auch für Eisen hat er jeweils den gleichen Wert: $0{,}7\ \frac{g}{cm^3}$ bzw. $7{,}9\ \frac{g}{cm^3}$. Der Quotient $\frac{m}{V}$ ist für jeden Stoff immer gleich. Er ist die gesuchte Stoffeigenschaft. Man bezeichnet ihn als die **Dichte ρ** (rho) des Stoffes.

 Den Quotienten aus Masse und Volumen bezeichnet man als Dichte ρ:

$$\rho = \frac{m}{V}.$$

Die Dichte ist eine Stoffeigenschaft. Die Einheit der Dichte ist $1\ \frac{kg}{m^3}$.

Meistens ist es praktischer, die Dichte in der Einheit $1\ \frac{g}{cm^3}$ anzugeben.

DICHTE UND SCHWIMMEN · Wenn wir Quader in ein Wasserbecken tauchen, dann schwimmen die Holzquader und die Eisenquader gehen unter. Aus Erfahrung wissen wir, dass z. B. auch Styroporteile oder Speiseöl auf Wasser schwimmen, während Körper aus Metall oder Glas untergehen. Woran liegt das? Wenn wir einmal die Werte für die Dichte verschiedener Stoffe betrachten (▸ Tabelle 03), dann fällt auf, dass die schwimmenden Körper aus Stoffen bestehen, die eine geringere Dichte als Wasser haben. Wir halten fest:

 Es schwimmen die Körper auf Wasser, deren Stoffe eine geringere Dichte als Wasser haben.

WIE BESTIMMT MAN DAS VOLUMEN? · Das Volumen von regelmäßigen, festen Körpern, zum Beispiel von einem Quader, kann man mithilfe seiner Kantenlängen ausrechnen. Das Volumen von flüssigen Körpern wie Wasser kann man direkt am Messzylinder

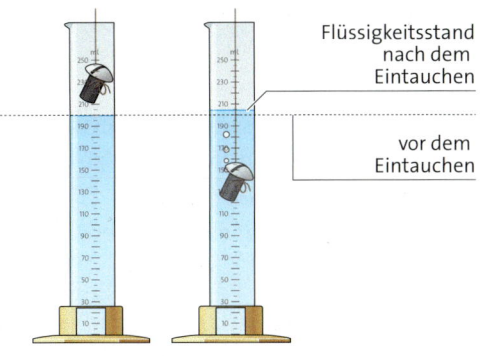

Flüssigkeitsstand nach dem Eintauchen

vor dem Eintauchen

04 Bestimmung des Volumens einer Schraube

ablesen. Bei unregelmäßig geformten festen Körpern, zum Beispiel einer Schraube, nutzen wir die Wasserverdrängung. Wenn wir eine Schraube in Wasser legen, dann verdrängt sie gerade so viel Wasser wie sie selber Platz braucht. Das kennen wir von der Badewanne. Wenn wir uns hineinlegen, dann steigt der Wasserspiegel an und wenn wir wieder hinaussteigen, dann sinkt er wieder ab. Dieses Phänomen wurde vom griechischen Gelehrten Archimedes als erstes formuliert und heißt daher archimedisches Prinzip.

Die Volumenzunahme durch die Verdrängung können wir am Messzylinder ablesen (▸ Bild 04). Häufig ist das Volumen am Messzylinder in ml angegeben. Diese Einheit kann man aber leicht in cm^3 umrechnen. Es gilt:
$1\ ml = 1\ cm^3$ oder
$1\ l = 1000\ ml = 1000\ cm^3$.

Stoff	Dichte in $\frac{g}{cm^3}$
Luft	0,0013
Styropor	0,017
Holz	0,3–1,1
Benzin	0,7
Alkohol	0,79
Speiseöl	0,8–0,9
Eis	0,92
Wasser	**1,00**
Glas	2,5
Aluminium	2,7
Eisen	7,9
Quecksilber	13,5
Gold	19,3

03 Dichten

1 a) Erläutere den Begriff der Dichte.
b) Beschreibe, wie man die Dichte bestimmen kann.

2 Erkläre, weshalb ein schwerer Baumstamm auf dem Wasser schwimmt und eine leichte Eisenschraube in Wasser sinkt.

Berechnung von Dichten

Zum Bau einer Terrasse werden 0,5 m^3 Sand benötigt. Darf ein Auto, für das zusätzlich zu dem Fahrer maximal 400 kg Zuladung erlaubt sind, alles auf einmal laden?

Um diese Frage zu beantworten, müssen wir die Masse des gesamten Sandhaufens kennen. Das direkte Messen mit einer Waage scheidet allerdings aus: Der gesamte Sandhaufen ist dafür zu groß und zu schwer.

Wir können aber mit dem Messbecher ein kleines Sandvolumen von z.B. 800 cm^3 abmessen. Dessen Masse beträgt 1360 g. Wie groß ist dann die Masse von 0,5 m^3 (= 500 000 cm^3) Sand? Wir rechnen mit dem Dreisatz:

	m	V	
: 800	1360 g	800 cm^3	: 800
· 500 000	1,7 g	1 cm^3	· 500 000
	850 000 g = 850 kg	500 000 cm^3 = 0,5 m^3	

Der Sandhaufen hat die Masse 850 kg. Es müssen also mindestens drei Fahrten gemacht werden.

Unserer Dreisatzrechnung liegt folgende Überlegung zugrunde: Wenn 800 cm^3 Sand die Masse 1360 g besitzen, dann hat 1 cm^3 Sand die Masse

$$\frac{1360 \, \text{g}}{800} = 1,7 \, \text{g}.$$

Wir haben das Volumen des Sandes um das 800fache verkleinert, dabei verkleinert sich auch dessen Masse um das 800fache.

Im zweiten Rechenschritt haben wir das Volumen von 1 cm^3 Sand um das 500 000fache

vergrößert, wodurch sich auch die Masse um das 500 000fache vergrößert.

In beiden Fällen verändert sich der Quotient $\frac{m}{V}$ dabei nicht, obwohl sich Masse und Volumen ändern:

$$\frac{m}{V} = \frac{1360 \, \text{g}}{800 \, \text{cm}^3} = \frac{850 \, 000 \, \text{g}}{500 \, 000 \, \text{cm}^3} = 1,7 \, \frac{\text{g}}{\text{cm}^3}.$$

Der Quotient entspricht der Dichte $\rho = 1,7 \, \frac{\text{g}}{\text{cm}^3}$ des Sandes.

Wenn man den Dreisatz wie oben anwenden kann, dann sagt man, die zwei Größen sind **zueinander proportional.** So sind z.B. beim Sand Masse und Volumen zueinander proportional.

In der Physik untersucht man häufig, wie zwei physikalische Größen zusammenhängen. Wenn man nachweisen möchte, dass zwei Größen zueinander proportional sind, dann ist das mit dem Dreisatz aufwändig. Einfacher ist es, auszunutzen, dass der Quotient aus zwei Größen immer konstant bleibt, wenn sie zueinander proportional sind. Das hast du oben bei Masse und Volumen gesehen.

Meistens ist es so, dass dieser Quotient selbst eine physikalische Bedeutung hat. Bei Masse und Volumen ist es die Dichte des Stoffes.

1 Berechne das Volumen von 600 kg Sand.

2 **a)** Auch der Quotient $\frac{V}{m}$ ist für einen bestimmten Stoff konstant. Begründe.
b) Jemand schlägt vor, die Dichte als $\frac{V}{m}$ festzulegen. Nimm dazu Stellung.

VERSUCHE ► Wie hängen Dichte und Schwimmen zusammen?

Material:

Wasser, Zucker, ein frisches Ei, eine Glaskanne

Durchführung:

V1 a) Fülle die Kanne zur Hälfte mit Wasser und löse darin Zucker auf (etwa 50 g Zucker auf 100 ml Wasser). Fülle die Kanne so vorsichtig mit Wasser auf (im Foto rot), dass es sich nicht mit dem Zuckerwasser vermischt. Gib das Ei langsam in die gefüllte Kanne. Stelle eine begründete Vermutung über die Dichten von Eiern, Leitungs- und Zuckerwasser auf. **b)** Untersuche, wie viel Zucker man in Wasser auflösen muss, sodass das Ei nicht mehr untergeht. Bestimme so die Dichte des Eis.

Material A ► Rechnen mit der Dichte

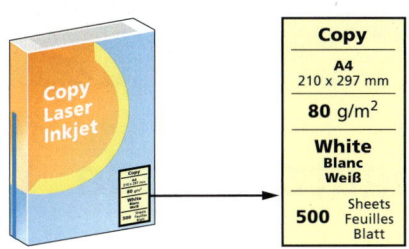

A1 Das Paket hat eine Dicke von 38 mm. Berechne die Dichte des Papiers.

A2 Berechne die Masse einer 3 mm dicken, 85 cm breiten und 1,1 m hohen Glasscheibe.

A3 Schätze die Masse der Luft des Physikraumes ab.

A4 Finde heraus, aus welchem Stoff eine 84 cm^3 große und 210 g schwere Skulptur ohne Hohlräume bestehen könnte.

A5 a) Zwei Körper haben das gleiche Volumen. Einer der Körper hat eine fünfmal größere Masse als der andere. Bestimme das Verhältnis der Dichten beider Körper. **b)** Zwei massengleiche Körper haben ein Volumenverhältnis von 1 : 3. Bestimme das Verhältnis der Dichten der beiden Körper.

Material B ► Dichten von Erbsen

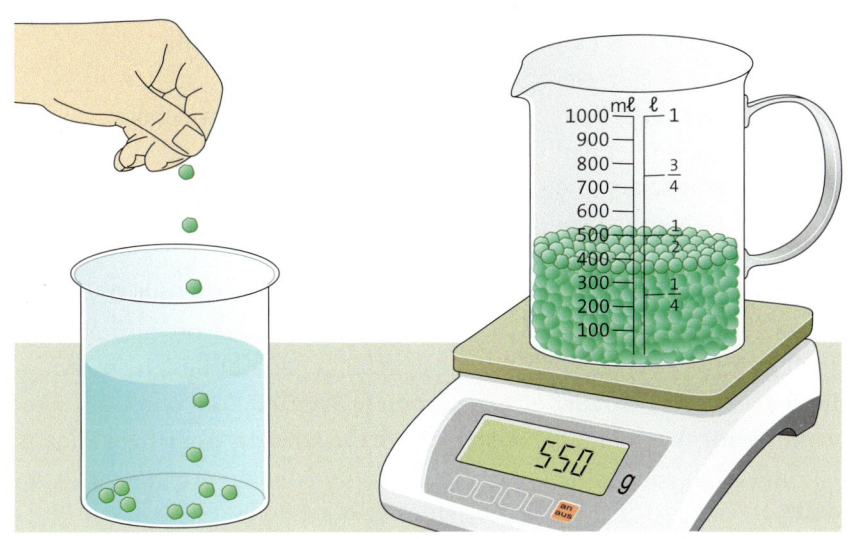

B1 Tina sagt: „Die Erbsen sinken in Wasser, also ist deren Dichte größer als 1,0 $\frac{g}{cm^3}$!"

Klaus hingegen meint: „Der leere Messbecher hat die Masse 234 g. Die Erbsendichte ist daher $\rho = 0,79 \frac{g}{cm^3}$, denn es gilt:

$$\rho = \frac{m}{V} = \frac{550\,g - 234\,g}{400\,cm^3} = 0,79\,\frac{g}{cm^3}."$$

Nimm zu den beiden Aussagen Stellung.

01 Eis, Dampf und flüssiges Wasser: drei Erscheinungsformen desselben Stoffs

Teilchenmodell und Aggregatzustände

Ob Eis, Dampf oder Flüssigkeit, der Stoff ist immer derselbe: Wasser. Aber wie unterscheiden sich diese drei Erscheinungsformen?
Um das zu klären, müssen wir wissen, woraus alles besteht.

WIE SIND STOFFE AUFGEBAUT? · Schon seit der Antike machen sich Menschen Gedanken darüber, woraus Stoffe aufgebaut sind. Inzwischen ist unser Wissen über den Aufbau der Materie relativ kompliziert und noch heute wird auf diesem Gebiet viel geforscht.

Obwohl die Frage nach dem Aufbau der Stoffe noch nicht endgültig beantwortet ist, kann man etwas darüber aussagen. Dabei hilft es, sich eine vereinfachte Vorstellung zu machen. Solche vereinfachten Vorstellungen nennt man **Modelle.**

Seit mehr als zwei Jahrhunderten bewährt sich in der Naturwissenschaft für den Aufbau der Stoffe das **Teilchenmodell:** Alle Stoffe bestehen demnach aus kleinen Teilchen. Die Idee ist aber viel älter. Schon etwa 400 v. Chr. vermutete der griechische Philosoph DEMOKRIT, dass Materie aus winzigen Teilchen aufgebaut sein könnte.

/// Alle Stoffe bestehen aus kleinen Teilchen.

DIE DARSTELLUNG DER TEILCHEN · Auf den kommenden Seiten erklären wir einige Erscheinungen in der Natur mit dem Teilchenmodell. Hierbei ist es oft hilfreich, die Teilchenvorstellungen mit Bildern zu veranschaulichen (► Bild 02 B, 03 B und 04 B). Hier zeichnen wir die Teilchen als Kringel. Für das, was wir erklären wollen, spielt die Form der Teilchen aber keine Rolle.

DIE AGGREGATZUSTÄNDE · Stoffe, wie z.B. Wasser, können fest, flüssig und gasförmig sein. Man bezeichnet diese Zustände als Aggregatzustände. Mithilfe des Teilchenmodells können wir diese Zustände erklären.

Wenn du z.B. mit der Faust auf einen Tisch schlägst, dann behält der **Festkörper** Tisch seine Form (▸ Bild 02 A). Im Teilchenmodell stellen wir uns vor, dass bei Festkörpern die Teilchen eng beieinanderliegen (▸ Bild 02 B). Zwischen den Teilchen besteht ein starker Zusammenhalt. Die Tischplatte ist daher fest und deine Faust kann nicht in sie eindringen.

Im Gegensatz dazu fällt es dir leicht, deine Hand in eine **Flüssigkeit,** z.B. Wasser, einzutauchen (▸ Bild 03 A). Bei Flüssigkeiten liegen die Teilchen ebenfalls dicht beieinander. Aber sie sind gegeneinander verschiebbar, der Zusammenhalt ist nicht so stark wie bei einem Festkörper (▸ Bild 03 B). Daher weicht Wasser deiner Hand aus.

Noch leichter als durch flüssiges Wasser kannst du deine Hand durch das **Gas** Luft bewegen (▸ Bild 04 A). In Gasen befinden sich die Teilchen ohne jeden Zusammenhalt in deutlich größerem Abstand voneinander (▸ Bild 04 B). Zwischen den Teilchen befindet sich nichts, auch keine Luft. Wir halten fest:

 In **Festkörpern** liegen die Teilchen dicht beieinander und haben einen starken Zusammenhalt.
In **Flüssigkeiten** liegen die Teilchen dicht beieinander. Sie sind aber gegeneinander verschiebbar.
Bei **Gasen** befinden sich die Teilchen in deutlich größerem Abstand voneinander, ohne jeden Zusammenhalt.
Zwischen den Teilchen befindet sich leerer Raum.

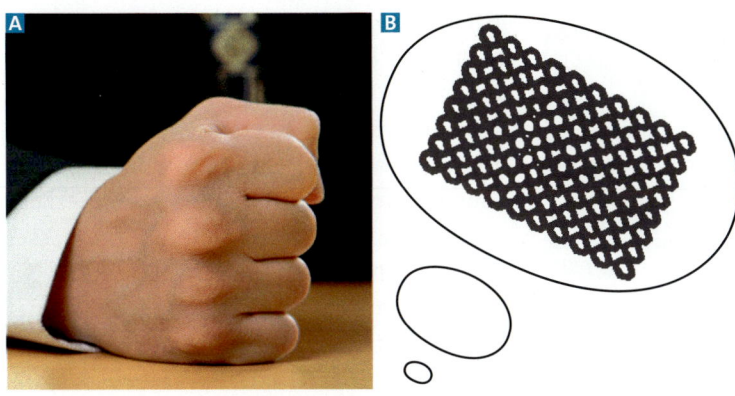

02 **A** Die Faust durchdringt den Tisch nicht. **B** Festkörper im Teilchenmodell

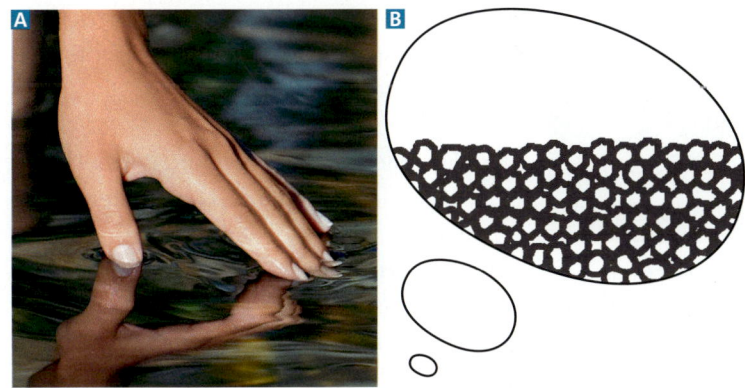

03 **A** Die Hand taucht ins Wasser. **B** Flüssigkeit im Teilchenmodell

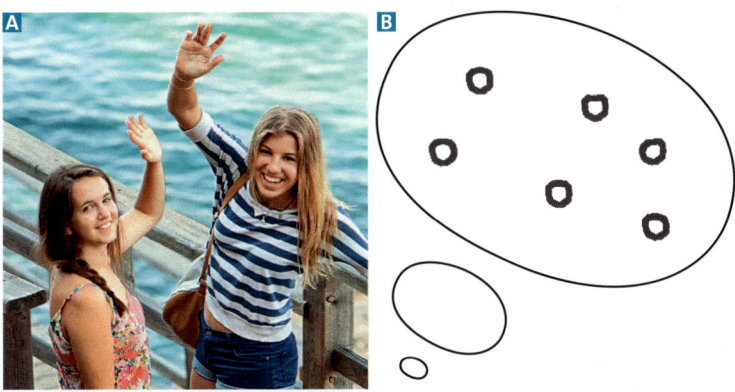

04 **A** Die Hand bewegt sich leicht in Luft. **B** Gas im Teilchenmodell

1 ⌡ Erläutere, was geschieht, wenn du versuchst, einen Festkörper, eine Flüssigkeit oder ein Gas zusammenzupressen.

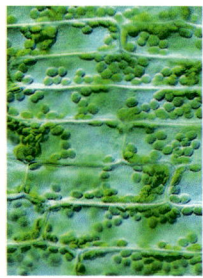

01 Eine Zelle kann man sehen, Teilchen nicht!

02 Mehr als 1000 000 000 000 000 000 000 Wasserteilchen!

WIE GROSS SIND DIE TEILCHEN? · Mit dem Mikroskop kannst du die Zellen sehen, aus denen ein Pflanzenblatt besteht (► Bild 01). Aber die Teilchen, aus denen eine Zelle aufgebaut ist, sind noch tausendmal kleiner als alles, was man mit einem Mikroskop erkennen kann: Ein Teilchen hat den Durchmesser von etwa einem millionstel Millimeter!

Die Teilchen sind so klein, dass jeder Körper aus unvorstellbar vielen dieser Teilchen besteht. Schon ein Tropfen Wasser (► Bild 02) enthält mehr als tausend Milliarden Milliarden von ihnen – das ist eine Zahl mit 22 Stellen. Wenn ein Teilchen so groß wäre wie du, dann wäre der Wassertropfen so groß wie die Erde!

/// Ein Teilchen hat einen Durchmesser von etwa einem millionstel Millimeter.

DIE TEILCHEN BEWEGEN SICH · Die Teilchen sind ständig in ungeordneter Bewegung. Um das zu nachzuweisen, geben wir einen Tropfen Milch in etwas Wasser und betrachten diese Mischung unter dem Mikroskop (► Bild 03). Viele Flecke bewegen sich langsam durch unser Blickfeld. Sie ändern dabei ständig die Bewegungsrichtung, ohne dass sie etwas Sichtbares anstößt.

Im ► Bild 04 ist die Bahn eines Flecks vergrößert dargestellt. Aber was sind das für Flecke? Die Teilchen selbst können es nicht sein; sie sind viel zu klein.

Die Flecke sind Fetttröpfchen aus der Milch, die sich durch das Wasser bewegen. Wenn wir annehmen, dass sich die Teilchen heftig und ungeordnet bewegen, dann entsteht die Bewegung der Fetttröpfchen durch zufällige Stöße mit den Wasserteilchen.

Ähnliche Bewegungen wie die der Fetttröpfchen beobachtet man auch bei Staubkörnern in der Luft. Das heißt, dass sich die Teilchen auch in einem Gas ungeordnet bewegen.

Selbst die Teilchen in einem Festkörper bewegen sich. Da sie ihren Platz nicht verlassen können, schwingen sie aber nur hin und her.

DIFFUSION · Wenn jemand in der Ecke des Physikraums etwas Parfüm versprüht, dann riechst du den Duftstoff bald überall. Mit dem Teilchenmodell können wir diese Beobachtung erklären: Die Teilchen des Duftstoffs und der Luft vermischen sich durch ihre ständige Bewegung. Dadurch verteilt sich das Parfüm im Raum. Das Vermischen und Verteilen durch die Teilchenbewegung nennt man Diffusion. Dieser Prozess ist auch bei der Atmung und bei der Reinigung des Bluts durch die Nieren sehr wichtig.

DIE BEWEGUNG HÖRT NIE AUF · Im Alltag bist du gewohnt, dass ohne Antrieb alle Bewegungen durch Reibung langsamer werden. Die Bewegung der Fetttröpfchen in der Milch dagegen hört auch nach Stunden und Tagen nicht auf. Die Teilchenbewegung lässt nicht nach.

03 Ein Tropfen Milch unter dem Mikroskop

04 Zickzack-Bewegung eines Fetttröpfchens

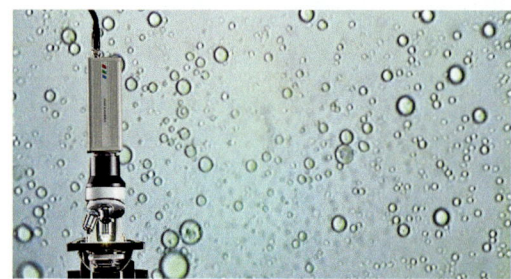

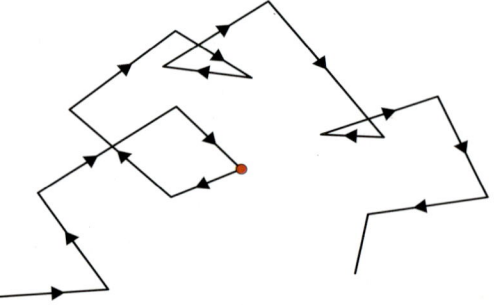

VERSUCHE ► Das Teilchenmodell

In diesem Versuch stellen deine Klassenkameraden und du Teilchen eines Festkörpers dar, der erwärmt wird.

V1 Schülerinnen und Schüler als Teilchen

03 Schülerinnen und Schüler als Teilchen

Material:

16 Kinder, Markierungen (z. B. Kreide), viel Platz

Durchführung:

Stellt euch dicht gedrängt in einem viermal vier Schüler großen Quadrat auf. Fasst zwei eurer Nachbarn locker an, z. B. an der Schulter, sodass ihr alle untereinander verbunden seid. Lasst einen von euch die Außengrenzen eures Quadrats markieren.
a) Fangt an, auf der Stelle leicht hin und her zu wackeln.
b) Bewegt euch nun immer stärker hin und her.
c) Beschreibt eure Beobachtungen. Vergleicht das Verhalten der „Schülerteilchen" mit dem Verhalten der Teilchen eines Festkörpers, einer Flüssigkeit und eines Gases. Achtet dabei besonders auf die Außengrenzen eures Quadrats und den Zusammenhalt der „Teilchen".

Material A ► Festkörper, Flüssigkeiten, Gase

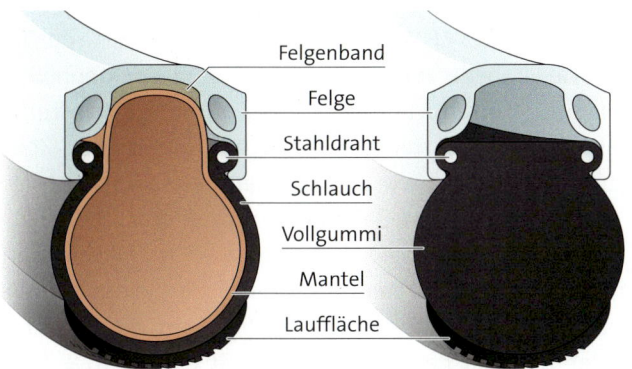

- Felgenband
- Felge
- Stahldraht
- Schlauch
- Vollgummi
- Mantel
- Lauffläche

04 Ein Vollgummi- und ein Luftreifen im Querschnitt

A1 a) Früher hatten Fahrräder Reifen, die vollständig aus Gummi bestanden. Heutzutage sind die Reifen mit Luft gefüllt. Für den Federungskomfort sind Luftreifen besser. Erkläre dies mit dem Teilchenmodell.
b) Begründe mit dem Teilchenmodell, ob es sinnvoll ist, die Reifen mit einer Flüssigkeit zu füllen.

Material B ► Billardkugeln und Teilchen

05 Billardkugeln – ein Modell für Teilchen?

B1 Lisa sagt: „Die Teilchen haben genau die gleichen Eigenschaften wie Billardkugeln. Sie sind einfach nur viel kleiner."
Hat Lisa recht? Begründe deine Antwort. Nutze dabei folgende Begriffe: Zusammenhalt, Bewegung, Zusammenstöße, Rand.

01 ICE und
Modelllokomotive

Einfache Bewegungen

Ohne Bewegung sähe unser Leben ziemlich langweilig aus. Schon die Beschreibung von Bewegungen ist interessant, weil sie oft so unterschiedlich sind.

Wir betrachten zunächst eine möglichst einfache Bewegung. Die Modelllokomotive in ▸ Bild 01 fährt mit gleichbleibender Geschwindigkeit geradeaus. Beim ICE ist es komplizierter: Er beschleunigt, bremst und fährt um Kurven. Daher beschäftigen wir uns erst mit der Modelllokomotive.

Beispiel beim ICE:
Zeit: 11:33 Uhr,
Ort: Mannheim Hbf.;
Zeit: 12:08 Uhr,
Ort: Stuttgart Hbf.

BEWEGUNGEN AUFZEICHNEN · Wenn sich ein Körper bewegt, dann befindet er sich nach einer gewissen **Zeit t** an einem anderen **Ort s.** Um die Bewegung der Modelllokomotive genauer zu untersuchen, gehen wir folgendermaßen vor (▸ Bild 01):
Nach dem Start ändern wir die Einstellung des Trafos nicht mehr, damit die Geschwindigkeit der Lok gleich bleibt. Jede Sekunde markieren wir den Ort, an dem sich die Lok befindet, mit einem blauen Strich. Den Ort s

der Lok zur Zeit t können wir nun anhand der Striche bestimmen. Dabei messen wir immer die vom Startpunkt aus zurückgelegte Strecke. In den ersten beiden Zeilen von ▸ Tabelle 02 stehen die Messwerte.

GESCHWINDIGKEIT · Die Messwerte der Tabelle zeigen, dass die Lok in der doppelten (dreifachen) Zeit etwa die doppelte (dreifache) Strecke zurücklegt. In der dritten Zeile haben wir den Quotienten $\frac{s}{t}$ berechnet: Du erkennst, dass dieser immer etwa 0,10 $\frac{m}{s}$ beträgt, also nahezu konstant ist. Dieser Wert gibt an, dass die Lok in jeder Sekunde etwa 0,10 m weiter fährt. Wir sagen, die Lok fährt mit der **Geschwindigkeit v** von 0,10 $\frac{m}{s}$ (lies: „0,10 Meter pro Sekunde").

t in s	0	1,0	2,0	3,0	4,0
s in m	0	0,11	0,18	0,30	0,42
$\frac{s}{t}$ in $\frac{m}{s}$	–	0,11	0,09	0,10	0,11

02 „Blaue" Messwerte

In einem neuen Versuch lassen wir die Lok mit einer anderen Trafoeinstellung fahren. Wir markieren wieder jede Sekunde den Ort der Lok, diesmal mit roten Strichen. Wieder bleibt der Quotient $\frac{s}{t}$ gleich, aber diesmal beträgt er etwa $0{,}15\frac{m}{s}$ (► Tabelle 03). Die Geschwindigkeit der Lok war also größer.

EIN DIAGRAMM ZEIGT MEHR · Die Messwerte lassen sich übersichtlich in ein Koordinatensystem einzeichnen, bei dem man die Zeit t auf der waagerechten und den Ort s auf der senkrechten Achse abträgt (► Bild 04). So eine Darstellung nennt man **s(t)-Diagramm** (lies: „s von t Diagramm").

An einem s(t)-Diagramm kann man einiges über die Bewegung erkennen:
1. Die Messwerte der beiden Durchgänge liegen jeweils fast genau auf einer Ursprungsgeraden. Diese haben wir in ► Bild 04 eingezeichnet. Wir schließen daraus, dass die Geschwindigkeit konstant war. Wie man diese Gerade sinnvoll einzeichnet, lernst du auf der folgenden Seite.
2. Für einen bestimmten Wert der Zeit t lesen wir den Ort s ab. Aus diesen beiden Werten berechnet man die Geschwindigkeit. Dabei ist es egal, welchen Punkt der Geraden man wählt.

Bei der blauen Geraden erhalten wir für $t = 2\,s$ auf der Ortsachse den Wert $s = 0{,}2\,m$, also ist $v = \frac{0{,}2\,m}{2\,s} = 0{,}1\frac{m}{s}$. Dies stimmt mit dem aus ► Tabelle 02 ermittelten Wert für v überein.

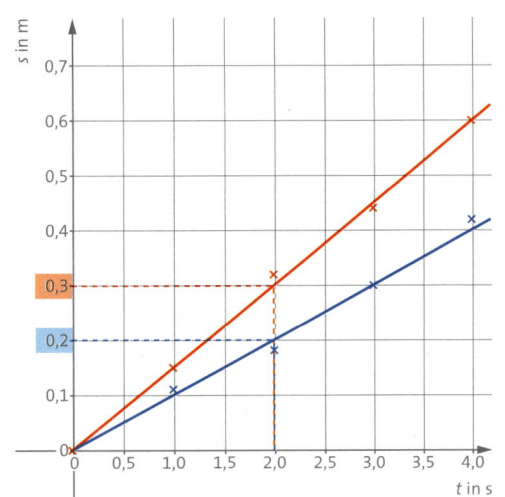

$$v = \frac{0{,}3\,m}{2\,s} = 0{,}15\frac{m}{s}$$

$$v = \frac{0{,}2\,m}{2\,s} = 0{,}10\frac{m}{s}$$

04 s(t)-Diagramm der Modelllokomotive

Bei der roten Geraden lesen wir ab: 0,3 Meter in 2 Sekunden, also gilt $v = \frac{0{,}3\,m}{2\,s} = 0{,}15\frac{m}{s}$, wie in ► Tabelle 03. Die Lok war diesmal schneller. Im s(t)-Diagramm erkennt man das daran, dass die rote Gerade steiler ist als die blaue.

PROPORTIONALITÄT · Als wir oben die zurückgelegte Strecke durch die Zeit dividierten, blieb der Quotient praktisch konstant. Im s(t)-Diagramm haben wir gesehen, dass die Messwerte fast auf einer Ursprungsgeraden liegen. Beides zeigt, dass Ort und Zeit proportional zueinander sind. Man sagt: Die Bewegung ist **gleichförmig.** Fassen wir unsere Ergebnisse zusammen:

/// Bei einer Bewegung mit konstanter Geschwindigkeit v ist die zurückgelegte Strecke s proportional zur Zeit t und es gilt $v = \frac{s}{t}$.

t in s	0	1,0	2,0	3,0	4,0
s in m	0	0,15	0,32	0,44	0,60
$\frac{s}{t}$ in $\frac{m}{s}$	–	0,15	0,16	0,15	0,15

03 „Rote" Messwerte

1〕 Sammle Beispiele für Bewegungen im Alltag. Was haben sie gemeinsam, wodurch unterscheiden sie sich?

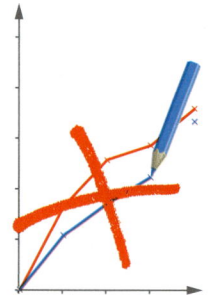

So nicht!

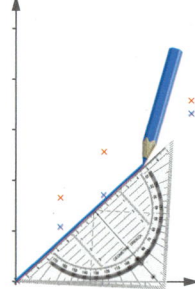

Sondern so!

$$\frac{m}{s} \xrightarrow{\cdot 3,6} \frac{km}{h}$$
$$\frac{m}{s} \xleftarrow{:3,6} \frac{km}{h}$$

Der Zahlenwert ist in $\frac{km}{h}$ größer als in $\frac{m}{s}$.

EINHEITEN · Wenn nichts anderes vorgegeben ist, werden Geschwindigkeiten in der Physik immer in der Einheit $\frac{m}{s}$ angegeben. Bei Rechnungen ist es am einfachsten, erst die zurückgelegte Strecke s und die Zeit t in Meter bzw. Sekunden umzurechnen und dann die Geschwindigkeit zu berechnen. Im Straßenverkehr ist die Einheit $\frac{km}{h}$ üblich.

Wie rechnet man beide Einheiten ineinander um? Hierfür überlegen wir uns, wie viele Sekunden eine Stunde dauert und was das „Kilo" bei Kilometer bedeutet:

$$1\frac{km}{h} = \frac{1000\,m}{3600\,s} = \frac{1}{3,6}\,\frac{m}{s}.$$

Entsprechend umgekehrt:

$$1\frac{m}{s} = \frac{\frac{1}{1000}\,km}{\frac{1}{3600}\,h} = 3,6\,\frac{km}{h}.$$

///. METHODE //

Auswerten einer Messreihe: Ausgleichsgeraden
Beim Versuch auf Seite 81 haben wir erwartet, dass die Lok mit konstanter Geschwindigkeit fährt, weil wir an der Einstellung des Trafos während der Fahrt nichts ändern. Als wir sie in den ▸ Tabellen 02, 03 auf Seite 80/81 berechnet haben, gab es aber Abweichungen. Ein Grund hierfür war sicherlich, dass wir den Ort der Lok nicht immer ganz genau markiert haben. Deswegen liegen die gemessenen Werte im *s(t)*-Diagramm auch nicht genau auf einer Ursprungsgeraden.
Wegen der Messfehler ergibt es keinen Sinn, die ungenauen Messwerte durch eine Kurve zu verbinden. Vielmehr ist es sinnvoll, eine **Ausgleichsgerade** zu zeichnen:
Sie verläuft so, dass sie möglichst nahe an allen Messwerten liegt. Dabei kann es passieren, dass kein einziger Messwert direkt auf ihr liegt. Mithilfe der Ausgleichsgeraden konnten wir mehr über die Bewegung der Lok herausfinden.

Allerdings ist es nicht immer richtig, eine Ausgleichsgerade zu zeichnen. Das kann verschiedene Gründe haben.
So sind z. B. physikalische Größen nicht immer proportional zueinander. ▸ Bild 01 zeigt das *s(t)*-Diagramm einer Modelleisenbahn,

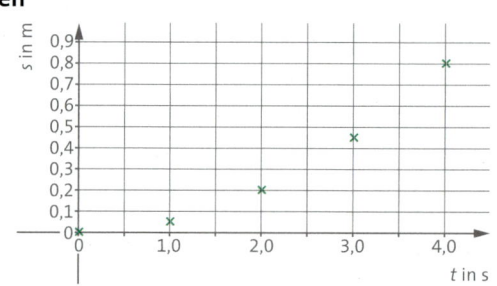

01 Die Lok fährt an und wird schneller

die schneller wird. Eine Gerade wäre hier falsch.

1 ⌡ Bei einem ferngesteuerten Auto wurden bei verschiedenen Bewegungen Orte und Zeiten gemessen (▸ Tabelle).

s in m	0	1,0	2,0	3,0	4,0
t in s	0	0,7	1,4	1,9	2,7
t in s	0	0,5	0,9	1,0	1,9
t in s	0	0,7	1,2	1,7	2,2

a) Erstelle jeweils ein *s(t)*-Diagramm.
b) Bei einer Messreihe ist ein Wert falsch. Welcher ist es? Begründe! Wie könnte der richtige Wert lauten?
c) Bestimme jeweils die Geschwindigkeit des Autos.

VERSUCHE ▸ Bewegung mit konstanter Geschwindigkeit

Material:

durchsichtiges Duschgel, möglichst schmales, hohes Glas mit Deckel, ein Korn Popcorn-Mais o. Ä., Folienstift, Stoppuhr

Durchführung:

Fülle das Glas voll Duschgel und lasse das Popcorn hineinfallen. Schließe den Deckel.

V1 Beobachte die Bewegung des Popcorns. Beschreibe die Bewegung beim Eintauchen. Wie bewegt es sich anschließend? Durch Umdrehen des Glases kannst du den Versuch wiederholen.

V2 Markiere am Glas etwa 1 cm unterhalb der Oberfläche eine Startlinie und dann von dort aus alle 1,0 cm eine Linie. Miss jeweils die Zeit, die das Popcorn für die Strecke 1,0 cm, 2,0 cm, usw. benötigt. Erstelle ein *s(t)*-Diagramm und bestimme die Geschwindigkeit des Popcorns.

V3 Experimentiere mit anderen Gegenständen. Bestimme auch deren Geschwindigkeit. Bleibt sie überhaupt konstant?

V4 Untersuche, welche Eigenschaften einer Flüssigkeit die Bewegung des Korns beeinflussen. Führe entsprechende Versuche durch.

Material A ▸ Einheiten

Höchstgeschwindigkeiten	
Licht im Vakuum	$300\,000\ \frac{km}{s}$
Schall in Luft	$1224\ \frac{km}{h}$
Erde um Sonne	$30\ \frac{km}{s}$
Regentropfen	$9\ \frac{m}{s}$
Fußball	$100\ \frac{km}{h}$
Auto (in der Stadt)	$50\ \frac{km}{h}$
Mensch (schwimmend)	$8\ \frac{km}{h}$
Raketenauto	$347\ \frac{m}{s}$
Mensch (laufend)	$12\ \frac{m}{s}$

A1 Rechne die Werte in der Tabelle in $\frac{m}{s}$ um und ordne sie.

A2 Informiere dich über die Höchstgeschwindigkeit dreier von dir selbst ausgewählter Tiere. Gib sie in $\frac{m}{s}$ und in $\frac{km}{h}$ an.

A3 In der Seefahrt werden Geschwindigkeiten üblicherweise in Knoten (kn) angegeben. Informiere dich, wie man Knoten in $\frac{km}{h}$ umrechnet. Wie kommt es zu dem Namen?

A4 Ein Polizist hält eine ältere Dame im Auto an: „Sie sind in der Stadt über 70 Kilometer in der Stunde gefahren!" Da sagt die Dame: „Aber so lange bin ich doch noch gar nicht unterwegs!" Überlege dir für den Polizisten eine freundliche Antwort, die die Sache physikalisch korrekt erklärt.

Material B ▸ Geschwindigkeit, Ort und Zeit

B1 Ein ICE braucht 35 Minuten von Mannheim nach Stuttgart (107 km). Bestimme seine Durchschnittsgeschwindigkeit.

B2 Beim Cooper-Test im Sportunterricht muss man 12 Minuten lang laufen. Tim läuft gleichmäßig mit $4\ \frac{m}{s}$. Ermittle die zurückgelegte Strecke.

B3 Informiere dich: Erkläre den Begriff „Lichtjahr". Wie lange ist das Licht von der Sonne zur Erde unterwegs?

01 Auf die Plätze –
Fertig — Los

Momentan- und Durchschnittsgeschwindigkeit

Paula ist eine gute Sprinterin. Nach dem Start wird Paula immer schneller. Wie man hier die Geschwindigkeit bestimmen kann, wirst du in diesem Abschnitt lernen.

Bewegungen, bei denen die Geschwindigkeit immer gleich bleibt, kommen im Alltag kaum vor. Schon im ▸ Bild 01 siehst du, dass sich Paulas Geschwindigkeit ändert: Die Strecke, die Paula in gleichen Zeitabschnitten jeweils zurücklegt, wird nämlich immer größer. Da Ort und Zeit hier nicht proportional zueinander sind, kann man die Geschwindigkeit auch nicht mit der Gleichung $v = \frac{s}{t}$ berechnen. Die Bewegung ist **ungleichförmig.**

DIE GESCHWINDIGKEIT · Stattdessen betrachtet man eine kleine **Zeitspanne Δt** („Delta *t*"), bei der die Geschwindigkeit nahezu konstant bleibt. Die dabei zurückgelegte **Strecke** bezeichnet man mit **Δs** („Delta *s*"). Den Ort und die Zeit kannst du für Paulas Start einfach aus ▸ Bild 01 ablesen bzw. ab-

Der griechische Großbuchstabe Δ („Delta") steht kurz für Differenz.

messen. Du findest die Messwerte in ▸ Tabelle 02. Bildet man nun die Differenz zweier benachbarter Zeiten, so erhält man die Zeitspanne Δt zwischen zwei Bildern. Auf die gleiche Weise berechnet man die Strecke Δs, die Paula in der Zeitspanne Δt zurückgelegt hat. Wie zuvor legt man dann die Geschwindigkeit als Quotient aus diesen beiden Größen fest: $v = \frac{\Delta s}{\Delta t}$.

Aus ▸ Tabelle 02 siehst du deutlich, wie Paulas Geschwindigkeit mit der Zeit immer mehr zunimmt.

t in s	0	0,25	0,5	0,75	1,0
s in m	0	0,1	0,6	1,3	2,4
Δt in s	–	0,25	0,25	**0,25**	0,25	–
Δs in m	–	0,1	0,5	**0,7**	1,1	–
v in $\frac{m}{s}$	0	0,4	2,0	**2,8**	4,4	–

02 Paulas Start in Zahlen

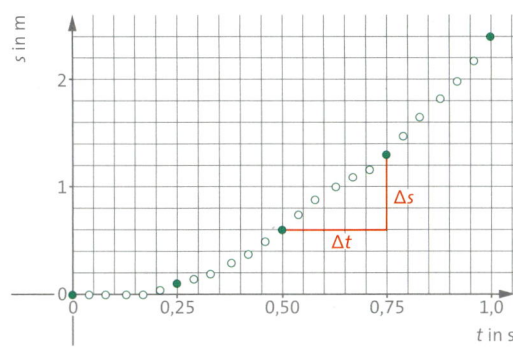

03 s(t)-Diagramm für Paulas Start

Wenn wir Paulas Ort für jedes Einzelbild des Videos bestimmen, ergibt sich das s(t)-Diagramm von ▸ Bild 03. Eine Ausgleichsgerade ergibt hier keinen Sinn. An dem rot einge-

zeichneten Beispiel siehst du auch, wie man Δs und Δt ablesen kann. Die entsprechende Spalte ist in ▸ Tabelle 02 auch rot markiert. Wir halten also fest:

/// Wenn bei einer Bewegung während der kleinen Zeitspanne Δt die Strecke Δs zurückgelegt wird, dann gilt für die Geschwindigkeit: $v = \frac{\Delta s}{\Delta t}$.

1 ▸ Bild 04 zeigt, wie ein Auto aus $36\,\frac{km}{h}$ bis zum Stillstand abbremst. Zeichne ein s(t)-Diagramm. Bestimme die Geschwindigkeit während des Bremsvorgangs.

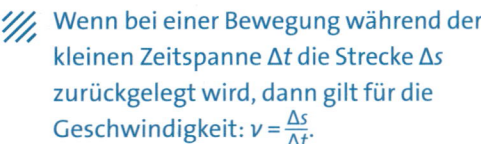

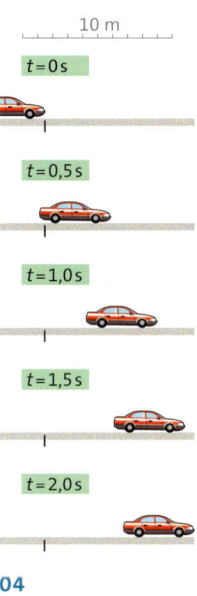

04

/// BLICKPUNKT ///

Geschwindigkeitskontrollen

Um die Geschwindigkeit von Autos zu messen, verwendet die Polizei oft Lichtschranken. Hierbei wird die Zeit gemessen, die ein Fahrzeug benötigt, um die Lichtschranke zu passieren. Die Zeitmessung startet, wenn das grüne Lichtbündel unterbrochen wird, und stoppt, sobald das rote unterbrochen wird. Die Messung ist so präzise, dass man nun mit dem Abstand der beiden Lichtbündel zueinander die Geschwindigkeit sehr genau bestimmen kann.

Fahrradcomputer

Beim Fahrradcomputer wird ein kleiner Magnet an den Speichen des Vorderrades und an der Gabel ein zugehöriger Sensor befestigt. Zudem muss man die richtige Radgröße angeben. Jedes Mal, wenn der Magnet an dem Sensor vorbeikommt, sendet dieser über ein Kabel oder per Funk ein Signal an den Fahrradcomputer. Dieser berechnet aus der Zeitspanne zwischen zwei Signalen und der Radgröße die Geschwindigkeit und zeigt sie im Display an.

WAS HEISST HIER KLEIN? · Wie klein muss Δt wirklich sein? Die Zeitspanne Δt, die man zum Bestimmen der Geschwindigkeit betrachtet, sollte so klein sein, dass sich die Geschwindigkeit in ihr praktisch nicht ändert. Man nennt dies auch **Momentangeschwindigkeit.** Deshalb kann man bei der Bewegung mit konstanter Geschwindigkeit (siehe Seite 80 als Δt die gesamte vergangene Zeit betrachten.

Bei Paulas Start (Seite 84) hatten wir jeweils $\Delta t = 0{,}25\,\mathrm{s}$ gewählt. Dadurch der Rechenaufwand erträglich, auch wenn Paula bestimmt während jeder viertel Sekunde schneller wurde. Selbst wenn wir hier versucht hätten, genauer zu sein, wären wir bald an eine Grenze gestoßen, denn die Bilder können nicht beliebig genau ausgemessen werden. Ändert sich die Geschwindigkeit während der Zeitspanne Δt, so nennt man die mit $v = \frac{\Delta s}{\Delta t}$ berechnete Geschwindigkeit auch **Durchschnittsgeschwindigkeit.**

METHODE

s(t)-Diagramme erzählen Geschichten

Kurz vor dem Klingeln kommt Sina außer Atem in die Schule. „Das war aber knapp!", sagt sie zu ihrer Freundin Tina. „Ich bin ganz normal zuhause losgelaufen. Als ich an der Fußgängerampel stand, ist mir eingefallen, dass ich meinen Turnbeutel vergessen habe. Da bin ich schnell nach Hause gerannt und habe ihn geholt. Dann musste ich mich aber beeilen!"

Sinas Geschichte kann man auch in einem s(t)-Diagramm darstellen. Dabei erfährt man zwar nicht, warum sie wieder nach Hause gelaufen ist, aber man erkennt ohne Mühe, wie sie sich bewegt hat (▸ Bild 01). Anders als die Modelllokomotive (siehe Seite 80) oder Paula beim Start (siehe Seite 84) ist Sina sicher nicht immer geradeaus gelaufen und in den einzelnen Abschnitten nicht mit ganz konstanter Geschwindigkeit.

Trotzdem kann man sich mit diesem vereinfachten s(t)-Diagramm einen Überblick über die Bewegung verschaffen.

1 ↳ **a)** War die Fußgängerampel grün, als Sina wieder an ihr vorbeikam?
b) Wie schnell ist Sina in den einzelnen Abschnitten gelaufen?
c) Stell dir vor, Sina wäre in der gleichen Zeit mit konstanter Geschwindigkeit ohne Umwege zur Schule gegangen. Wie groß wäre diese Geschwindigkeit gewesen?

2 ↳ Das s(t)-Diagramm in ▸ Bild 02 beschreibt eine Begebenheit im Stadtpark. Was ist passiert? Schreibe eine passende Geschichte.

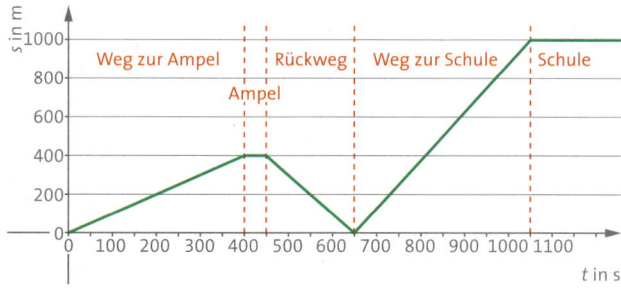
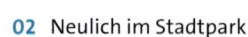

01 Sinas Geschichte

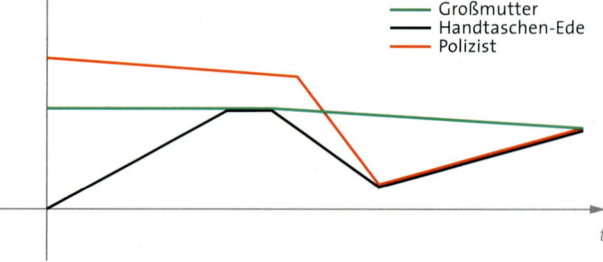

02 Neulich im Stadtpark

VERSUCHE ▸ Die Geschwindigkeit

Material:

kleine Konservendose oder Paket-
bandrolle, Brett (länger als 1 m),
Buch, Lineal, Stoppuhr

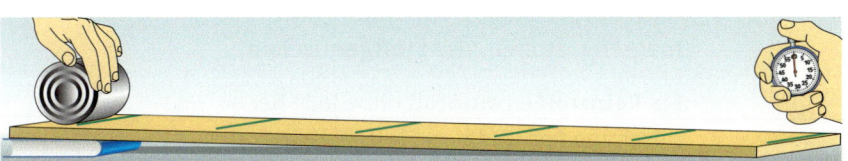

Durchführung:

Markiere an einem Ende des Bret-
tes eine Startlinie für die Dose und
mache von dort aus alle 20 cm
einen Strich. Lege das Brett so auf
das Buch, dass die Dose in 4–5 s
das Brett hinunterrollt.

V1 Beobachte die Bewegung der
Dose. Schreibe auf, woran man
erkennt, dass ihre Geschwindigkeit zunimmt.

V2 Miss jeweils die Zeit, die die Dose
für 20 cm, 40 cm, … benötigt.

Wiederhole dabei die Messungen
mehrfach. Erläutere, weshalb
Mehrfachmessungen sinnvoll sind.

V3 Erstelle ein *s(t)*-Diagramm und
bestimme die Geschwindigkeit
der Dose in den einzelnen Abschnitten.

Material A ▸ Der Fahrradcomputer

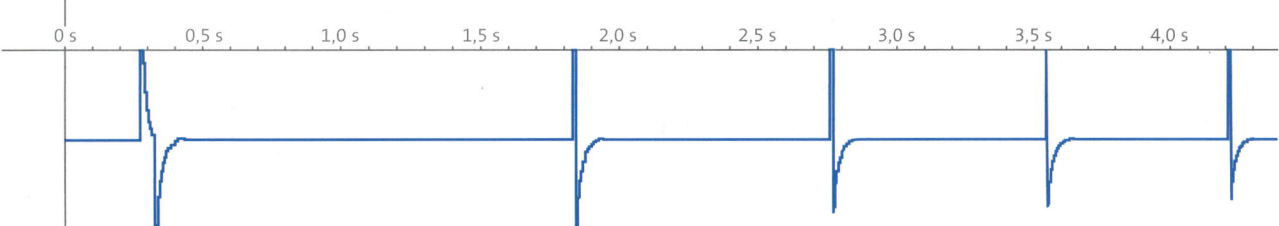

Im Bild siehst du, wie die elektrischen
Signale des Geschwindigkeitssensors
beim Fahrradcomputer ankommen.
Am oberen Bildrand kannst du die
Zeit (in s) ablesen. Der Abstand
zwischen zwei Signalen zeigt, wie
lange eine Umdrehung dauert.

A1 Gib Zeitabschnitte an, in denen
die Geschwindigkeit besonders
groß bzw. besonders klein ist. Begründe deine Auswahl.

A2 Das Rad, an dem der Magnet befestigt ist, hat einen Durchmesser
von 28 Zoll. Berechne die Ge-

schwindigkeit des Fahrrades für
den angegebenen Zeitraum.

A3 Tanja hat die Reifen ihres Rades
nicht gut aufgepumpt. Zeigt der
Computer nun eine zu große oder
eine zu kleine Geschwindigkeit
an? Erkläre.

Material B ▸ Mit dem Auto unterwegs

Aus einer Broschüre der Bundes-
anstalt für Straßenwesen:
• Der Sicherheitsabstand beträgt
  2 Sekunden Abstand zum
  vorfahrenden Fahrzeug.
• Mindestabstand sollte immer
  der halbe Tachowert sein
  (bei 100 $\frac{km}{h}$ also 50 m).

B1 a) Im Text links werden 2 s als
Abstand angegeben. Macht das
Sinn? Informiere dich.
b) Der „halbe Tachowert" ist einfacher zu bestimmen. Stimmt er
mit den 2 s überein?

B2 Auf Landstraßen beträgt der
Abstand zwischen zwei Leit-
pfosten 50 m. Wie kannst du
damit die Geschwindigkeit
eines Autos bestimmen, ohne
auf den Tacho zu schauen?

Eigenschaften von Stoffen

Jeder Körper besteht aus einem **Stoff** oder mehreren Stoffen, also **Stoffgemischen.**

Ein **Reinstoff** ist ein Stoff ohne jede Beimischung von anderen Stoffen. Reinstoffe kommen in der Natur kaum vor.

Jeder Stoff besitzt Eigenschaften, die für ihn charakteristisch sind. Stoffgemische besitzen je nach Zusammensetzung andere Eigenschaften als die Reinstoffe, aus denen sie bestehen.

Sinnliche Stoffeigenschaften: Eine Reihe von Stoffeigenschaften können wir ohne technische Hilfsmittel mit unseren fünf Sinnen Sehen, Hören, Riechen, Schmecken und Tasten erkennen.

Messbare Stoffeigenschaften: Im Gegensatz zu den sinnlichen Stoffeigenschaften sind die messbaren Stoffeigenschaften durch Messgrößen definiert. Die Angabe von messbaren Stoffeigenschaften ist unabhängig von der persönlichen Empfindung.

Dichte

Jeder Körper hat eine **Masse *m*.** Sie gibt an, wie schwer der Körper ist. Die Einheit der Masse ist ein Kilogramm (1 kg).

Jeder Körper nimmt einen bestimmten Raum ein. Diesen bezeichnet man als das **Volumen *V*** des Körpers. Die Einheit des Volumens ist ein Kubikmeter (1 m³). Weitere gebräuchliche Einheiten sind ein Kubikdezimeter (1 dm³) und ein Kubikzentimeter (1 cm³). Bei Flüssigkeiten verwendet man die Einheiten ein Liter (1 l) und ein Milliliter (ml).

Es gilt:
$1\,\mathrm{m}^3 = 1000\,\mathrm{dm}^3 = 1\,000\,000\,\mathrm{cm}^3$,
$1\,\mathrm{l} = 1\,\mathrm{dm}^3$,
$1\,\mathrm{ml} = 1\,\mathrm{cm}^3$.

Der Quotient aus Masse und Volumen eines Körpers kennzeichnet den Stoff, aus dem der Körper besteht. Dieser Quotient heißt **Dichte *ρ*** des Stoffs. Es gilt:

$$\rho = \frac{m}{V}.$$

Die Einheit der Dichte ist $1\,\frac{\mathrm{kg}}{\mathrm{m}^3}$.

Meistens wird die Einheit $1\,\frac{\mathrm{g}}{\mathrm{cm}^3}$ verwendet.

Schwimmen: Wenn ein Körper aus einem Stoff besteht, dessen Dichte …
   … kleiner als die von Wasser ist, dann schwimmt der Körper auf dem Wasser,
   … gleich der von Wasser ist, dann schwebt der Körper im Wasser,
   … größer als die von Wasser ist, dann sinkt der Körper im Wasser.

Teilchenmodell

Viele Stoffeigenschaften können wir mit einer vereinfachten Vorstellung, dem **Teilchenmodell,** erklären:
- Alle Stoffe bestehen aus kleinen, ununterscheidbaren, beweglichen Teilchen.
- Ein Teilchen hat einen Durchmesser von etwa einem millionstel Millimeter.
- Zwischen den Teilchen befindet sich leerer Raum.

Aggregatzustände von Stoffen

Stoffe kommen in verschiedenen Aggregatzuständen vor: **fest, flüssig, gasförmig.**

In **Festkörpern** liegen die Teilchen eng beieinander und haben einen starken Zusammenhalt.

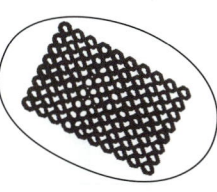

In **Flüssigkeiten** liegen die Teilchen eng beieinander und sind gegeneinander verschiebbar.

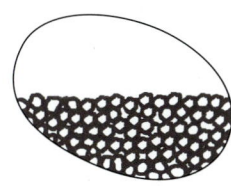

In **Gasen** befinden sich die Teilchen in großem Abstand voneinander ohne jeden Zusammenhalt. Zwischen den Teilchen ist leerer Raum.

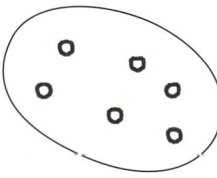

Körper in Bewegung

Geschwindigkeit: Wenn bei einer Bewegung während der kleinen Zeitspanne Δt die Strecke Δs zurückgelegt wird, dann gilt für die Geschwindigkeit v hierbei:

$$v = \frac{\Delta s}{\Delta t}.$$

Spezialfall: Wenn die Geschwindigkeit v konstant bleibt, dann ist die zurückgelegte Strecke s proportional zur Zeit t und es gilt:

$$v = \frac{s}{t}.$$

Bewegungen mit konstanter Geschwindigkeit nennt man **gleichförmig**.

Ist die Geschwindigkeit nicht konstant, nennt man die Bewegung **ungleichförmig**.

Überprüfe dich selbst:

Kann ich ...

... die Begriffe Körper und Stoff erläutern? (S. 64)

... alle fünf Sinne benennen? (S. 64 f.)

... messbare und sinnliche Eigenschaften von Stoffen nennen? (S. 64 ff.)

... die Begriffe Reinstoff und Stoffgemisch erläutern? (S. 66)

... Messverfahren zur Bestimmung von Masse und Volumen von Körpern beschreiben? (S. 68 ff.)

... den Begriff der Dichte erläutern? (S. 72 f.)

... mit den Größen Masse, Volumen und Dichte rechnen? (S. 74 f.)

... die Annahmen, die das Teilchenmodell macht, aufzählen? (S. 76 ff.)

... alle Aggregatzustände und die Übergänge von einem Aggregatzustand in den anderen benennen? (S. 77)

... den Zusammenhang zwischen Geschwindigkeit, zurückgelegter Strecke und dafür benötigter Zeitspanne erläutern und anwenden? (S. 80 f.)

... die Geschwindigkeit einer gleichförmigen Bewegung berechnen? (S. 83)

... die Durchschnittsgeschwindigkeit einer ungleichförmigen Bewegung berechnen? (S. 85)

... ein $s(t)$-Diagramm sinnvoll einsetzen und eine Ausgleichsgerade einzeichnen? (S. 81 f.)

Temperatur und Wärme

In diesem Kapitel beschäftigst du dich mit

- der physikalischen Größe Temperatur und lernst sie von den Alltags-begriffen warm und kalt zu unterscheiden. Du erfährst, dass Körper und Stoffe einige ihrer Eigenschaften verändern, wenn sich ihre Temperatur ändert. Du lernst, diese Veränderungen mithilfe eines Modells für den Aufbau von Körpern zu beschreiben.

- der Übertragung von Wärme. Du lernst anhand vieler Beispiele, wie man Wärme übertragen kann. Du erfährst, was Wärme mit Temperatur und Wärmedämmung zu tun hat.

01 Das Wärme-
empfinden kann sich
stark unterscheiden.

Thermometer

„Brrr, ist das kalt", jammert Carl. „Ich weiß nicht, was du hast. Ist doch angenehm!", antwortet Sarah. Beide empfinden die gleiche Wassertemperatur unterschiedlich. Wie kann das sein?

UNSER WÄRMEEMPFINDEN · Wenn du einen Gegenstand berührst, dann nimmst du ihn als heiß, warm oder kalt wahr. Die Wahrnehmung von heiß oder kalt ist notwendig für uns, damit unser Körper seinen Wärmehaushalt regulieren kann. Außerdem schützt das Wärmeempfinden vor Verbrennungen und Erfrierungen. Bei Gegenständen, die ungefähr so warm sind wie unser Körper, können wir sehr feine Unterschiede erkennen. Eltern von Babys prüfen zum Beispiel mit der Wange, ob die Milchflasche zu heiß ist (▸ Bild 02). Aber obwohl uns das Wärmeempfinden in vielen Situationen schützt und wichtige Informationen gibt, liefert es nicht immer die gleichen Eindrücke (▸ Bild 01).

Wir nehmen dieselbe Temperatur unterschiedlich wahr, je nachdem, ob wir uns vorher in einer warmen oder kalten Umgebung aufgehalten haben. Um festzustellen, wie „warm" ein Gegenstand wirklich ist, benötigen wir ein Messgerät: das Thermometer.

TEMPERATUREN VERGLEICHEN · Mit dem Thermometer können wir für jede Temperatur einen Zahlenwert bestimmen. So können wir die Temperaturen von Körpern nicht nur vergleichen, sondern auch feststellen, wie viel „wärmer" ein Körper ist als ein anderer. Das Thermometer hilft uns, einander über die wirkliche Temperatur zu informieren.

02 Temperaturkontrolle beim Babyfläschchen

SKALA ZUM MESSEN VON TEMPERATUREN · Um die Temperatur anzugeben, nutzen wir eine Skala, die der schwedische Forscher ANDERS CELSIUS eingeführt hat. Dabei wird die Schmelztemperatur von Eis mit 0 °C („null Grad Celsius") und die Siedetemperatur von Wasser mit 100 °C bezeichnet. Diese Temperaturen wählte CELSIUS aus, weil sie an allen Orten der Erde annähernd gleich sind. Deshalb nennt man sie **Fixpunkte.**

Wenn du ein Thermometer ohne Skala zunächst in Eiswasser und danach in siedendes Wasser hältst, dann kannst du diese Fixpunkte ebenfalls markieren. CELSIUS teilte für seine Skala den Abstand zwischen den Fixpunkten in einhundert gleiche Teile und ordnete den einzelnen Einteilungen die Temperaturen von 0 °C bis 100 °C zu.

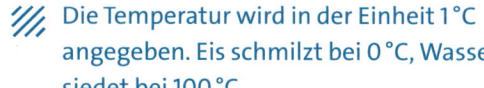 Die Temperatur wird in der Einheit 1°C angegeben. Eis schmilzt bei 0 °C, Wasser siedet bei 100 °C.

ANDERE TEMPERATURSKALEN · Es gibt auch andere Temperaturskalen. So verwendet man in englischsprachigen Ländern wie den USA die Fahrenheit-Skala. Der deutsche Physiker DANIEL FAHRENHEIT hatte schon vor CELSIUS eine Skala entwickelt und dabei die tiefste Temperatur im Winter 1708/09 in seiner Heimatstadt Danzig als Nullpunkt festgelegt. Als oberen Fixpunkt wählte er die Körpertemperatur des Menschen als 100 °F. Auf dieser Skala liegt die Gefriertemperatur von Wasser bei 32 °F. Allerdings waren die Fixpunkte schlecht gewählt. So schwankt zum Beispiel die Körpertemperatur selbst bei gesunden Menschen zwischen 35,8 °C und 37,2 °C und kann bei Fieber noch höher liegen. Deshalb wurden später neue und bessere Fixpunkte für die Fahrenheit-Skala festgelegt.

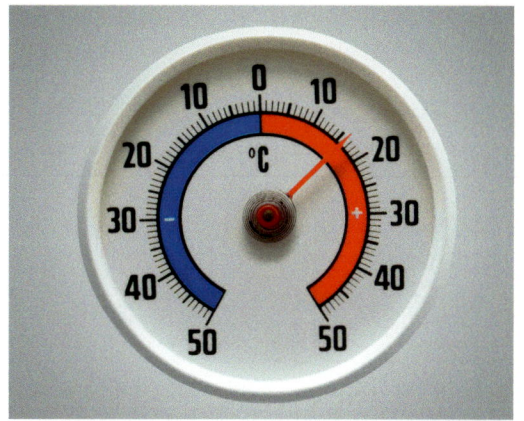

03 Bimetallthermometer

Es gibt auch Thermometer mit Celsius- und Fahrenheit-Skala (▸ Bild 04). Damit kann man die Temperatur gleichzeitig in den Einheiten Celsius und Fahrenheit ablesen und auch herausfinden, wie die Temperaturangaben miteinander zusammenhängen. Wichtige Eigenschaften kannst du in einem „Steckbrief" des Thermometers zusammenfassen.

Bauart	Flüssigkeitsthermometer aus Holz mit roter Flüssigkeit im Glasröhrchen
Messbereich	−40 °C bis +60 °C −40 °F bis +140 °F
Genauigkeit	1 °C, 1 °F
Anwendung	z. B. Messung der Zimmertemperatur

04 „Steckbrief" eines Thermometers

1⌡ Untersuche, welche Thermometer bei dir zu Hause verwendet werden, und erstelle weitere „Steckbriefe" von Thermometern wie in ▸ Tabelle 04.

2⌡ Lies aus dem Thermometer mit der Doppelskala in ▸ Bild 04 ab, welche Temperaturen in Grad Fahrenheit zu folgenden Temperaturen in Grad Celsius gehören: −40 °C; 38 °C; 60 °C.

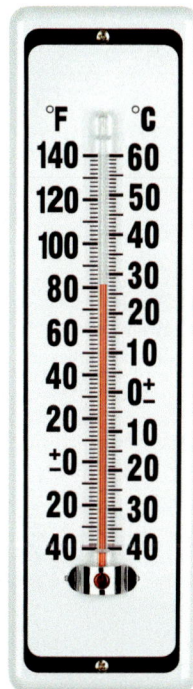

05 Flüssigkeitsthermometer

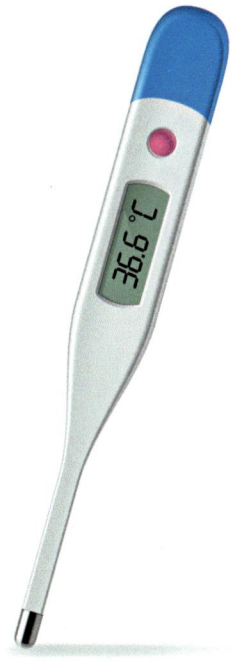

06 Digitales Fieberthermometer

01 Tinte in:
A kaltem Wasser
B warmem Wasser

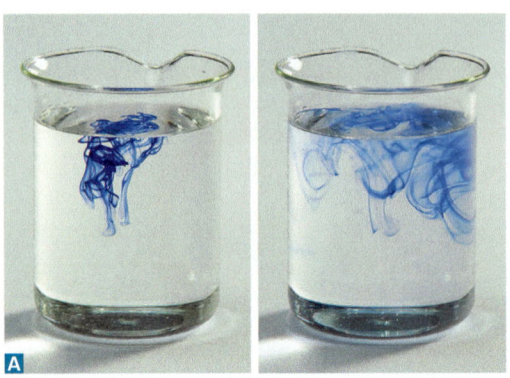

BEWEGUNG UND TEMPERATUR · Wenn wir einen Tropfen Tinte in ein Becherglas mit kaltem Wasser geben, dann vermischt er sich durch Diffusion mit dem Wasser (▸ Bild 01 A). Wenn wir den Versuch mit heißem Wasser wiederholen, dann geschieht dies schneller (▸ Bild 01 B). Die Geschwindigkeit der Diffusion steigt also mit der Temperatur.

Wenn aber die Diffusion von der Temperatur abhängt, dann muss das auch für die Bewegung der Teilchen im Teilchenmodell gelten:

/// Je höher die Temperatur eines Stoffs ist, desto heftiger bewegen sich die Teilchen, aus denen er besteht.

TEMPERATUR UND AUSDEHNUNG · Durch ihre stärkere Bewegung bei höheren Temperaturen benötigen die Teilchen eines Stoffs mehr Platz: Der Stoff dehnt sich aus. Mit dem Teilchenmodell können wir also die Ausdehnung von Flüssigkeiten, Gasen und Festkörpern erklären.

Benannt ist die Kelvinskala nach ihrem Entwickler LORD KELVIN, einem britischen Physiker des 19. Jahrhunderts.

DER ABSOLUTE NULLPUNKT · Was passiert eigentlich, wenn man einen Stoff immer weiter abkühlt? Die Teilchen werden immer langsamer, bis sie bei einer bestimmten Temperatur praktisch zum Stillstand kommen. Diese Temperatur liegt bei −273,15 °C und wird als der absolute Nullpunkt bezeichnet. Niedrigere Temperaturen sind nicht

möglich, denn langsamer können die Teilchen nicht werden!

/// Am absoluten Nullpunkt stehen die Teilchen praktisch still. Er liegt bei −273,15 °C.

DIE KELVINSKALA · Wir wissen also jetzt: Die Teilchenbewegung ist ein Maß für die Temperatur und die Temperatur hat einen absoluten Nullpunkt.

Damit können wir eine neue Temperaturskala einführen, die unabhängig ist von bestimmten Stoffen wie z. B. dem Wasser bei der Celsiusskala. Diese Temperaturskala heißt Kelvinskala. Ihre Einheit ist das Kelvin (abgekürzt K, gesprochen ohne „Grad" davor). Ihr Nullpunkt ist der absolute Nullpunkt und liegt somit bei null Kelvin (abgekürzt 0 K). Die Abstände der Skalenwerte entsprechen praktischerweise denen der Celsiusskala. So sind Umrechnungen von Temperaturen zwischen beiden Skalen sehr einfach. Der Gefrierpunkt von Wasser liegt also bei 0 °C bzw. 273,15 K.

1 ⌡ Rechne die Körpertemperatur des Menschen (37 °C) in Kelvin um.

2 ⌡ Wenn man Käse neben einem Stück Sahnetorte im Kühlschrank stehen lässt, dann schmeckt die Torte bald nach Käse. Erkläre mit dem Teilchenmodell.

VERSUCHE ► Ist das menschliche Wärmeempfinden wirklich zuverlässig?

02 Experiment zum Wärmeempfinden

V1 Heißkalt

Material:

drei Gefäße: mit heißem Wasser, mit kaltem Wasser und mit lauwarmem Wasser

Durchführung:

Fülle in das erste Gefäß sehr kaltes Wasser, in das zweite Gefäß Wasser mit Zimmertemperatur und in das dritte Gefäß heißes Wasser. Das Wasser darf natürlich nicht so heiß sein, dass du dich verbrühen kannst! Jetzt hältst du mindestens 30 Sekunden lang eine Hand ins kalte Wasser und die andere Hand ins heiße Wasser. Danach tauchst du beide Hände gleichzeitig in das Wasser mit Zimmertemperatur.

a) Beschreibe, was du feststellen kannst.

b) Nenne weitere Beispiele, bei denen das menschliche Wärmeempfinden unzuverlässig ist.

Material A ► Temperaturskalen

A1 In einem Reisebericht aus den USA schreibt ein Reisender, die Außentemperaturanzeige in seinem Mietwagen habe 72 °F angezeigt. Zunächst habe er eine Fehlfunktion vermutet, denn heiß war es nicht.
a) In einem Reiseführer fand er dann für die Umrechnung von Fahrenheit in Celsius:
Temperatur in °C = (Temperatur in °F −32) · 5 : 9.
Berechne damit die Temperatur in der Einheit °C.
b) Stelle die Formel für die Umrechnung von °C in °F auf.

A2 In einer Schublade wurde das rechts abgebildete Thermometer gefunden, bei dem die Skala abgerieben und nicht mehr zu erkennen ist.
a) Entscheide, was man mit einem solchen Thermometer noch feststellen kann und was nicht.
b) Finde heraus, welche Bedeutung die beiden Markierungen auf dem Thermometer haben könnten.
c) Ermittle die Temperatur, die das Thermometer deiner Meinung nach anzeigt.

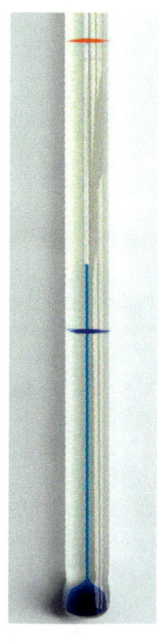

Material B ► Wetter

Ortszeit (CEST)	02:00	05:00	08:00	11:00	14:00	17:00	20:00	23:00
Wetterzustand								
Temperatur (°C)	7	5	5	7	10	12	10	7
Gefühlte Temperatur (°C)	4	2	2	5	8	12	10	4

B1 Die Wettervorhersage spricht bei starkem Wind von der Temperatur und der „gefühlten Temperatur". Überlege mit einem Partner, was damit gemeint sein könnte. Einigt euch darauf, was ihr von dem Begriff haltet und präsentiert eure Bewertung der Klasse.

01 Vorratsgefäß, Steigröhrchen und Skala eines Flüssigkeitsthermometers

Ausdehnung von Flüssigkeiten

Mit dem Flüssigkeitsthermometer können wir die Temperatur messen. Wird das Vorratsgefäß des Thermometers erwärmt, steigt die Flüssigkeit im Glasröhrchen und wir können auf der Skala die Temperatur ablesen. Aber wie funktioniert das?

WAS PASSIERT IM THERMOMETER? · Wie kann die Flüssigkeit im Röhrchen steigen, obwohl das Vorratsgefäß nicht leerer wird und keine Flüssigkeit von außen hinzukommt? Es gibt nur eine Möglichkeit: Die Flüssigkeit dehnt sich aus. Und da der Raum im Vorratsgefäß begrenzt ist, weicht sie ins Röhrchen aus.

Die Skala des Thermometers ist genau an die Ausdehnung der Flüssigkeit angepasst. So kann man anhand der Steighöhe der Flüssigkeit im Röhrchen die Temperatur ablesen. Die Anpassung der Thermometerskala nennt man **Kalibrierung.** Fieberthermometer werden vom Eichamt kalibriert („geeicht"), um eine fehlerfreie Funktion zu gewährleisten.

Aber dehnen sich alle Flüssigkeiten aus, wenn sie wärmer werden? Wovon hängt es ab, wie sich Flüssigkeiten bei Erwärmung verhalten? Das werden wir durch einige Versuche klären. In einem ersten Schritt vergleichen wir die Ausdehnung verschiedener Flüssigkeiten miteinander.

VERSCHIEDENE FLÜSSIGKEITEN · Im ersten Versuch werden jeweils gleiche Mengen Wasser, Öl und Benzin in drei gleiche Gefäße gefüllt. Alle drei Flüssigkeiten haben die gleiche Temperatur. Werden die Gefäße in ein heißes Wasserbad gestellt, dehnen sich die Flüssigkeiten aus. Allerdings dehnt sich Benzin stärker aus als Öl und Öl stärker als Wasser (▸ Bild 02).

02 Benzin dehnt sich stärker aus als Wasser.

Wenn die Flüssigkeiten auf Zimmertemperatur abgekühlt sind, nehmen sie wieder ihr Anfangsvolumen ein.

/// Wenn Flüssigkeiten ihre Temperatur ändern, dann ändert sich auch ihr Volumen. Die meisten Flüssigkeiten dehnen sich bei Temperaturerhöhung aus.
Wie stark das Volumen zunimmt, hängt von der Art der Flüssigkeit ab.

03 Geplatzte Wasserflaschen auf dem Balkon

EINFLUSS DER TEMPERATUR · In einem weiteren Versuch wollen wir die Abhängigkeit der Volumenzunahme vom Temperaturanstieg überprüfen: Wir erwärmen eine Flüssigkeit schrittweise von 20 °C auf 80 °C. Dabei beobachten wir, dass die Ausdehnung umso größer ist, je höher die Temperatur steigt: Bei der Erwärmung von 20 °C auf 60 °C ist die Ausdehnung doppelt so groß wie von 20 °C auf 40 °C. Von 20 °C auf 80 °C ist die Ausdehnung dreimal so groß wie von 20 °C auf 40 °C. Für die meisten Flüssigkeiten gilt:

/// Je größer die Temperaturerhöhung ist, desto stärker dehnt sich die Flüssigkeit aus.

EINFLUSS DES ANFANGSVOLUMENS · Wie die Ausdehnung vom Anfangsvolumen abhängt, klären wir in einem ähnlichen Versuch: Wir füllen verschieden große Gefäße mit der gleichen Flüssigkeit. Die Behälter haben wieder die gleiche Anfangstemperatur. Stellen wir sie in ein heißes Wasserbad, beobachten wir, dass die Flüssigkeitssäule umso stärker ansteigt, je größer das Anfangsvolumen war. Die Volumenzunahme hängt also vom Anfangsvolumen ab.

/// Je größer das Anfangsvolumen einer Flüssigkeit ist, desto stärker wächst das Volumen bei steigender Temperatur.

AUSNAHME WASSER · Bisher haben wir vorsichtig formuliert: „Die meisten Flüssigkeiten …" Tatsächlich zeigt Wasser in ▸ Bild 03 eine ganz merkwürdige Eigenschaft. Die Wasserflaschen auf dem winterlichen Balkon sind geplatzt. Wie kann das sein? Wir haben doch gezeigt, dass sich Flüssigkeiten bei Temperatursenkung zusammenziehen! Wasser bildet eine zweifache Ausnahme: Kühlt man es ab, dehnt es sich zwischen 4 °C und 0 °C ein wenig aus. Gefriert es, steigt sein Volumen sogar sprunghaft an. Die Flasche kann dabei platzen. Man spricht von der **Anomalie des Wassers.**

1) Saft wird nach dem Abkochen heiß abgefüllt. Dabei werden die Flaschen fast vollständig gefüllt und verschlossen. Beschreibe, wie sich der Füllstand in den Flaschen mit der Zeit ändert (▸ Bild 04).

2) ▸ Bild 05 zeigt das Ausdehnungsgefäß einer Zentralheizung in einem Einfamilienhaus. Begründe, dass diese Vorsichtsmaßnahme unbedingt notwendig ist.

3) Ein Automotor wird üblicherweise mit Wasser gekühlt, damit er nicht überhitzt. Erkläre, warum dem Wasser im geschlossenen Kühlsystem ein Frostschutzmittel beigemischt wird.

04 Füllhöhe in Saftflaschen

05 Ausdehnungsgefäß einer Zentralheizung

Anfertigen eines Protokolls

Auf den vorherigen Seiten hast du bereits viele Anregungen für Versuche erhalten und diese vielleicht schon selbst ausprobiert. Damit ein Versuch für dich und andere später nachvollziehbar ist, solltest du schriftlich festhalten, wie du dabei vorgehst. Man nennt dies das Protokollieren eines Versuchs.

Zu einem Protokoll gehören:

Fragestellung
Die Fragestellung wird von der Lehrerin oder dem Lehrer vorgegeben oder ergibt sich, wenn du etwas Ungewöhnliches beobachtest und es genauer untersuchen willst. Formuliere deine Frage möglichst genau.

Material und Skizze
Liste alle verwendeten Materialien auf und fertige eine Skizze vom Versuchsaufbau an.

Durchführung
Beschreibe die wesentlichen Schritte des Versuchs möglichst genau.

Beobachtungen
Notiere, was du beobachtest, aber zunächst ohne es zu erklären oder zu deuten.

Auswertung
Beantworte die Fragestellung ausgehend von deinen Beobachtungen und deinem Vorwissen. Beschreibe auch Probleme, die vielleicht bei der Versuchsdurchführung aufgetreten sind.

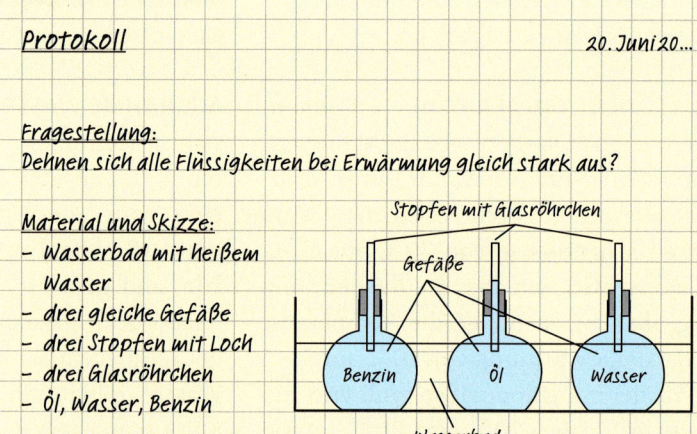

Protokoll   *20. Juni 20...*

Fragestellung:
Dehnen sich alle Flüssigkeiten bei Erwärmung gleich stark aus?

Material und Skizze:
- *Wasserbad mit heißem Wasser*
- *drei gleiche Gefäße*
- *drei Stopfen mit Loch*
- *drei Glasröhrchen*
- *Öl, Wasser, Benzin*

Durchführung:
Drei gleiche Gefäße werden bis zum Rand mit gleichen Mengen an Öl, Wasser und Benzin gefüllt. Die Gefäße werden jeweils mit Stopfen verschlossen, durch die Glasröhrchen laufen. Alle drei Gefäße werden in das heiße Wasserbad gestellt.

Beobachtungen:
Alle drei Flüssigkeiten steigen in die Glasröhrchen. Benzin steigt höher als Öl und Öl höher als Wasser.

Auswertung:
Die Flüssigkeiten steigen in die Röhrchen, weil sie sich bei Erwärmung ausdehnen. Offensichtlich dehnen sich die drei Flüssigkeiten unterschiedlich stark aus.
Vielleicht dehnen sich alle Flüssigkeiten bei Erwärmung aus. Allerdings kann man das nur für die drei untersuchten Flüssigkeiten mit Sicherheit sagen.
Es war schwierig, die Gefäße randvoll zu füllen und mit den Stopfen zu verschließen. Trotzdem war die unterschiedliche Steighöhe der Flüssigkeiten deutlich sichtbar.

VERSUCHE ▸ Volumenänderung von Flüssigkeiten

Du untersuchst, wie sich heißes Wasser beim Abkühlen verhält.

V1 Heißes Wasser im Kühlschrank

Material:
Glasflasche, Folienschreiber, heißes Wasser, Kühlschrank

Durchführung:
Fülle die Flasche mit heißem Wasser aus dem Wasserhahn und verschließe sie. Stelle sie auf den Tisch und markiere den Wasserspiegel am Flaschenhals (▸ Bild rechts). Stelle die gefüllte Flasche in den Kühlschrank, bis sie sich abgekühlt hat.
Wie hat sich der Wasserspiegel verändert? Beschreibe und erkläre deine Beobachtungen.

Material A ▸ Ausdehnung erwünscht und unerwünscht

01 Eine Sprinkleranlage in Aktion

A1 Die Fotos (▸ Bild 01) zeigen eine Sprinkleranlage, aufgenommen mit einer Hochgeschwindigkeitskamera. Der Löschvorgang wird ausgelöst, wenn eine bestimmte Temperatur in der Umgebung der Anlage überschritten wird. Beschreibe Aufbau und Funktionsweise einer solchen Sprinkleranlage.

02 Frostschaden am Straßenbelag

03 Ein Tanklastfahrzeug

A2 Nach dem Winter zeigen sich oft Straßenschäden, wo vor dem Winter noch keine waren (▸ Bild 02). Erkläre, warum gerade zu diesem Zeitpunkt gehäuft Schlaglöcher auftreten können.

A3 Ein vollbeladenes Tanklastfahrzeug (▸ Bild 03) beginnt an einem heißen Tag seine Tour. Wenn man einen Liter Benzin um 1 °C erwärmt, dann nimmt sein Volumen um etwa 1 ml zu.

a) Das Tankfahrzeug hat 24 000 l geladen. Es wurde am frühen Morgen bei ca. 15 °C betankt. Berechne, wie das Volumen zunimmt, wenn das Fahrzeug bei 30 °C zu seinem Bestimmungsort fährt.
b) Berechne, wie groß der Tank mindestens sein muss, damit er nicht überläuft oder platzt.
c) Auslaufendes Benzin ist gefährlich und belastet die Umwelt. Formuliere eine Regel für das Betanken von Fahrzeugen.

Ausdehnung von Festkörpern und Gasen

An einem sehr heißen Sommertag haben sich die Straßenbahnschienen verbogen. Was ist passiert?

FESTKÖRPER DEHNEN SICH AUS · Das wollen wir weiter untersuchen: Anstatt der Schienen schauen wir uns eine Stahlkugel an, die bei Zimmertemperatur gerade noch durch ein kreisförmiges Loch in einem Blech passt (▸ Bild 02). Erhitzen wir nun die Kugel, bleibt sie im Loch stecken. Wenn sie sich nach einiger Zeit abgekühlt hat, passt sie wieder hindurch.

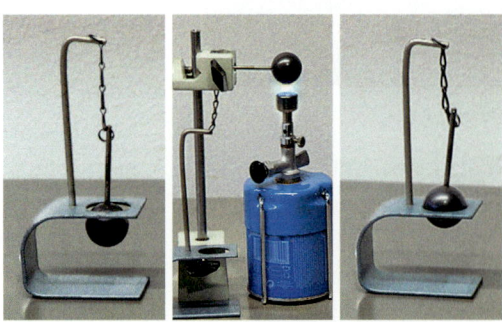

02 Passt die Kugel durch das Loch?

/// Wenn sich die Temperatur eines Festkörpers ändert, dann ändert sich auch sein Volumen. Die meisten Festkörper dehnen sich bei steigender Temperatur aus. Die Ausdehnung erfolgt in alle Richtungen.

BESTIMMUNG DER AUSDEHNUNG · Das Beispiel der verbogenen Schienen zeigt, wie wichtig es ist, die temperaturabhängige Ausdehnung zu beachten. In einem Experiment wie in ▸ Bild 03 können wir die Längenausdehnung eines dünnen Rohrs messen, während wir heißes Wasser oder Dampf durch das Rohr leiten.

Die Längenänderung ist kaum sichtbar. Mithilfe des Zeigers können wir aber die Änderung auf der Skala ablesen. Beim Erwärmen des 1 m langen Rohrs von 20 °C auf 60 °C wird das Rohr 0,5 mm länger. Wenn wir 100 °C heißen Dampf durch das Rohr leiten, dehnt es sich um 1 mm aus. Bei höheren Temperaturen ist die Ausdehnung noch größer.

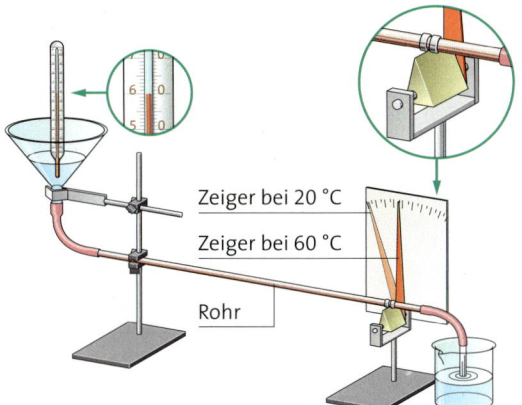

Zeiger bei 20 °C

Zeiger bei 60 °C

Rohr

03 Ausdehnung eines Rohrs bei Erwärmung

04 **A** Rollenlager; **B** Dehnungsfuge einer Brücke.

Andere Festköper verhalten sich ähnlich. Für sie gilt also:

/// Je größer die Temperaturerhöhung eines Festkörpers ist, desto größer ist seine Ausdehnung.

EINFLUSS DER GRÖSSE EINES KÖRPERS · Wie bei den Flüssigkeiten hängt die Stärke der Ausdehnung vom Anfangsvolumen des Körpers ab. Die Eisenbahnschienen sind viele Meter lang, daher kann die Erwärmung auf 60 °C an einem sehr heißen Tag schon zu einigen Zentimetern Längenänderung führen. Dadurch stoßen die Schienen zusammen und verformen sich.

SCHÄDEN VERHINDERN · Damit solche Schäden nicht entstehen, gibt es Dehnungsfugen. So können sich die Schienen ungehindert ausdehnen.

Ähnliches finden wir auch bei Gebäuden oder Brücken. Letztere liegen zusätzlich auf Rollen- oder dehnbaren Kunststofflagern, damit sich die Fahrbahn ungehindert ausdehnen kann (▸ Bild 04). Wird an ein Gebäude ein Anbau angefügt, lässt man dazwischen Dehnungsfugen frei.

WELCHEN EINFLUSS HAT DER STOFF? · Mit dem gleichen Versuchsaufbau wie in ▸ Bild 03 kann die Längenänderung von Rohren aus verschiedenen Stoffen untersucht werden. Dabei zeigen sich große Unterschiede. ▸ Tabelle 05 gibt Beispiele für die Ausdehnung einiger Materialien.

/// Die Ausdehnung eines Festkörpers bei Erwärmung hängt von dem Stoff ab, aus dem der Festkörper besteht.

Es existieren allerdings einige Ausnahmen. So schrumpfen manche speziellen Keramikwerkstoffe bei Erwärmung.

1 In Gebäuden werden oft Stahl und Beton zu „Stahlbeton" kombiniert. Erkläre, warum diese Stoffe gut zusammenpassen.

2 Im „Kugel-und-Loch-Versuch" wird anstelle der Kugel nur das Blech mit Loch erwärmt. Dehnt sich das Loch aus oder wird es kleiner? Begründe.

3 Die Fuge zwischen einer Badewanne und den Wandfliesen wird mit Silikon und nicht mit Fugenmörtel gefüllt. Erkläre, warum man so vorgeht.

Zink	3,6 mm
Aluminium	2,3 mm
Beton	1,2 mm
Stahl	1,2 mm
Fensterglas	1,0 mm
Porzellan	0,4 mm

05 Längenänderung eines 1 m langen Stabes bei Erwärmung von 0 °C auf 100 °C

01 Eingeschlossene Luft wird im Wasserbad erwärmt.

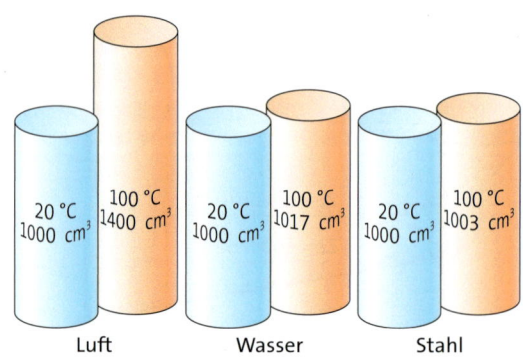

02 Wärmeausdehnung von Luft, Wasser und Stahl

GASE DEHNEN SICH AUS · Die meisten Flüssigkeiten und Festkörper dehnen sich bei Erwärmung aus. Ist das bei Gasen auch so oder verhalten sie sich anders?

Mit Luft, dem Gas, in dem wir leben, lassen sich hierzu einfache Versuche machen. In ► Bild 01A ist ein Luftballon über eine Glasflasche gezogen, in der sich Luft bei Zimmertemperatur befindet. Wenn wir diese Luft durch ein heißes Wasserbad erwärmen (► Bild 01B), beginnt der Luftballon sich aufzurichten.

In einem anschließenden Versuch wollen wir prüfen, wie sich Luft beim Abkühlen verhält. Dazu stellen wir die Flasche mit dem aufgerichteten Luftballon für einige Minuten in den Kühlschrank. Wenn wir sie wieder herausnehmen, hängt der Luftballon schlaff herab. Die in Luftballon und Flasche eingeschlossene Luft hat sich wieder zusammengezogen. Ihr Volumen ist kleiner geworden.

GASE MACHEN KEINE AUSNAHME · So wie Luft verhalten sich auch alle anderen Gase: Alle Gase dehnen sich bei Erwärmung nahezu gleich stark aus. Eine Ausnahme wie Wasser bei den Flüssigkeiten gibt es für Gase also nicht! Außerdem nimmt das Volumen von Gasen viel stärker zu als das von Flüssigkeiten und Festkörpern. ► Bild 02 zeigt einen Vergleich der Zunahme jeweils gleicher Volumina von Luft, Wasser und Stahl bei einer Erwärmung von 20 °C auf 100 °C.

/// Alle Gase dehnen sich bei Erwärmung nahezu gleich aus.
Die Volumenzunahme von Gasen ist größer als die Zunahme des Volumens einer Flüssigkeit oder eines Festkörpers.

1] Die Ausdehnung von Gasen musst du in manchen Alltagssituationen beachten. Erkläre, welche Probleme bei der Verwendung von aufblasbaren Kanus (► Bild 03) im Sommer auftreten können.

03 Schlauchbootvergnügen – Vorsicht bei großer Hitze!

VERSUCHE ▸ Ausdehnung von Festkörpern und Gasen

V1 Modell eines Bimetalls

04 Modell eines Bimetallstreifens

In einem Bimetallstreifen sind zwei Streifen unterschiedlicher Metalle fest miteinander verbunden. Ein Bimetallthermometer besteht aus einem aufgerollten Bimetallstreifen mit Zeiger und einer Skala. Hier baust du ein Modell eines solchen Bimetallstreifens (▸ Bild 04).

Material:
Papier, Alufolie, Schere, Alleskleber, Kerze, Eisfach

Durchführung:
a) Klebe mit Alleskleber zwei gleich große Streifen aus Papier und Alufolie zusammen. Lasse sie gut trocknen.
b) Bringe den geklebten Streifen in die Nähe der Kerzenflamme. Gehe mit dem Streifen nicht zu nahe an die Flamme, sonst entzündet er sich! Beschreibe, was du beobachtest.
c) Lege den Streifen für eine Weile in das Eisfach. Beschreibe und erkläre nach dem Herausnehmen die Veränderungen.
d) Rolle den Streifen jetzt zu einer Spirale auf. Halte ihn in die Nähe der Kerzenflamme. Wickle den Streifen dann andersherum auf und halte ihn wieder in die Nähe der Flamme. Beschreibe und erkläre deine Beobachtungen.
e) Erkläre die Funktionsweise eines Bimetallthermometers auf Seite 93.

V2 Tischtennisbälle reparieren

05 Sind diese Bälle noch zu retten?

In diesem Versuch reparierst du Tischtennisbälle mithilfe der Physik!

Material:
Verbeulte Tischtennisbälle ohne Löcher, heißes Wasser

Durchführung:
a) Lege die Tischtennisbälle ins heiße Wasser und beschreibe deine Beobachtungen.
b) Erkläre, wie die Reparatur funktioniert.

Material A ▸ Glas kann zerspringen

Wenn du ein heißes Getränk, z. B. frisch gebrühten Tee, in ein einfaches Glas oder eine Glasflasche gießt, dann kann es passieren, dass das Glas direkt nach dem Eingießen zerspringt.

A1 Was vermutest du über die Ausdehnung des Glases an Innen- und Außenseite gleich nach dem Eingießen? Begründe, warum das Glas zerspringt.

A2 Porzellantassen halten Heißgetränke besser aus. Gib einen Grund dafür an. Nutze dazu ▸ Tabelle 05 auf Seite 101.

Material B ▸ Oberleitungen

Die Oberleitungen für die Eisenbahn müssen einen festen Abstand zum Boden haben. Dazu werden die Halteseile an den Masten mithilfe von Gewichten über Umlenkrollen gespannt.

B1 a) Begründe, warum Spannvorrichtungen nötig sind.
b) Beschreibe, wie sich die Lage der Gewichte im Jahresverlauf ändert.

01 Obstblüten mit Eiszapfen

Änderung des Aggregatzustandes

Wenn im Frühjahr noch mal Nachtfrost auftritt, dann besprühen die Obstbauern die Blüten ihrer Obstbäume abends mit Wasser. „Da bildet sich doch Eis und die Blüten erfrieren erst recht", meint Carl.

AGGREGATZUSTÄNDE UND ÜBERGÄNGE · Du weißt bereits, dass Stoffe fest, flüssig oder gasförmig sein können. Im Alltag kannst du häufig Übergänge zwischen diesen Aggregatzuständen beobachten.

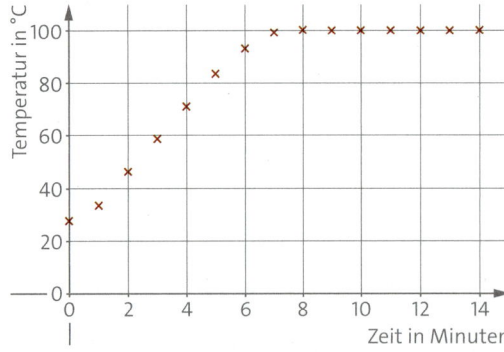

02 Gemessener Temperaturverlauf beim Erhitzen von Wasser

So kann man aus Wasser Eiswürfel machen, indem man es in einer Schale ins Gefrierfach stellt. In einem Getränk schmelzen die Eiswürfel und werden dabei wieder zu Wasser. Beim Kochen in der Küche entsteht Wasserdampf, der sich an kalten Fensterscheiben als Wasser niederschlägt. Der Wasserdampf **kondensiert.**

Auch andere Stoffe schmelzen und sieden, allerdings meistens bei anderen Temperaturen. So wird Butter bei ca. 32 °C flüssig, Kerzenwachs ab etwa 55 °C. Viele Metalle schmelzen erst bei sehr hohen Temperaturen. Speiseöl siedet bei ca. 200 °C.

SIEDEN UND SCHMELZEN IM EXPERIMENT · Um zu untersuchen, was beim Sieden passiert, erhitzen wir Wasser auf dem Herd und messen den Temperaturverlauf. Die Messergebnisse stellen wir in einem Diagramm dar (▸ Bild 02). Zunächst steigt die Temperatur des Wassers von der Anfangstemperatur auf 100 °C an. Obwohl die Herdplatte eine viel höhere Temperatur als 100 °C hat, ändert sich die Temperatur des siedenden Wassers danach nicht mehr.

Ähnliches geschieht beim Schmelzen: Erwärmt man das Eis, so steigt seine Temperatur bis 0 °C an. Dann schmilzt es und obwohl wir weiter Wärme zuführen, bleibt die Temperatur gleich. Erst wenn das Eis geschmolzen ist, erhöht sich die Temperatur des Wassers wieder. Wie können wir das erklären?

ERKLÄRUNG MIT DEM TEILCHENMODELL · Im Eis liegen die Teilchen dicht beieinander und haben einen festen Zusammenhalt. Wenn man das Eis erwärmt, dann schwingen die Teilchen immer schneller, bis die Temperatur von 0 °C erreicht wird. Bei 0 °C wird die zugeführte Wärme nur dazu verwendet, die Teilchen aus dem festen Verbund herauszulösen. Dadurch werden sie gegeneinander verschiebbar. Es entsteht Wasser. Wenn alle Teilchen aus dem festen Verbund herausgelöst sind, bewegen sich die Teilchen wieder zunehmend schneller, bis eine Temperatur von 100 °C erreicht wird. Weitere Wärmezufuhr löst den Zusammenhalt zwischen den Teilchen auf; sie können sich nun frei bewegen. Es ist Dampf entstanden.

Bei den umgekehrten Vorgängen, also beim **Erstarren** und beim **Kondensieren,** wird die Wärme wieder an die Umgebung abgegeben.

/// Beim Schmelzen und Verdampfen nehmen Stoffe Wärme auf, ohne dass sich ihre Temperatur ändert. Beim Erstarren und Kondensieren wird diese Wärme wieder abgegeben.

Deshalb sprühen Bauern die Blüten vor einem Nachtfrost mit Wasser ein: Wenn das Wasser bei 0 °C erstarrt, dann wird Wärme abgegeben, die eine Zeit lang verhindert, dass die Temperatur weiter sinkt und die Blüten erfrieren.

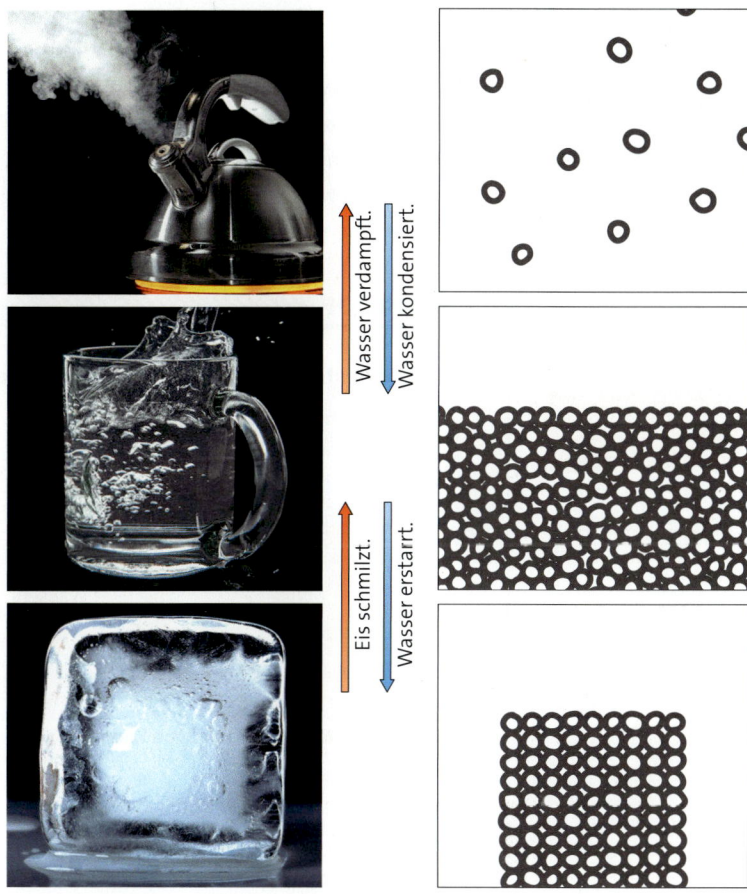

03 Übergänge der Aggregatzustände bei Wasser

VERDUNSTEN · Im Sommer kannst du häufig beobachten, dass nach einem Regen Dachziegel oder Steine schnell wieder trocknen, obwohl die Dachziegel und Steine sicher keine Temperatur von 100 °C haben. Wasser kann also auch schon bei Temperaturen unter 100 °C in den gasförmigen Zustand übergehen. Diesen Vorgang nennt man Verdunsten.

Mit dem Teilchenmodell erklären wir das so: Die Teilchen an der Oberfläche sind nicht von allen Seiten von anderen Teilchen umgeben. Dadurch ist der Zusammenhalt weniger stark und es ist weniger Wärme nötig, damit diese Teilchen frei beweglich werden und die Flüssigkeit verlassen können.

01 Trockeneis sublimiert.

SUBLIMIEREN · Wenn es im Winter längere Zeit friert, dann kommt es vor, dass Schnee langsam verschwindet ohne zu schmelzen. Das liegt daran, dass Wasser und einige andere Stoffe auch vom festen Aggregatzustand (Eis) direkt zu Gas werden können. Diesen Vorgang nennt man Sublimieren.

Er lässt sich gut bei „Trockeneis" beobachten (▸ Bild 01). Trockeneis ist gefrorenes Kohlenstoffdioxid und hat eine Temperatur von unter −78 °C. Bei höheren Temperaturen wird es nicht flüssig, sondern geht sofort in den gasförmigen Zustand über. Wenn umgekehrt ein Gas direkt fest wird, **resublimiert** es.

///▸ **METHODE** ///

Grafische Bestimmung von Schmelz- und Siedetemperatur

Zeit in Minuten	Temperatur in °C
0	−10
0,5	0
1	0
2	0
3	0
4	0
5	0
6	1
6,5	5
7	10
8	20
9	30
10	40
11	50
12	60
13	70
14	80
15	90
16	95
17	100
18	100
19	100

02 Erhitzen von Eis bzw. Wasser

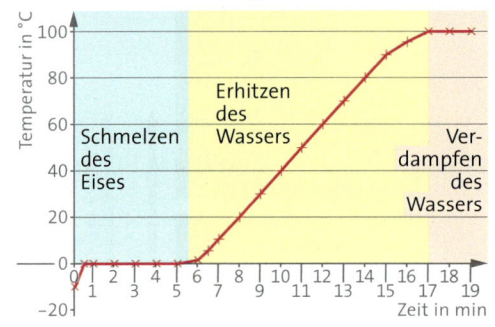

03 Zeit-Temperatur-Diagramm von Wasser

04 Zeit-Temperatur-Diagramm von Stearinsäure

In einem Versuch wurde Eis bzw. Wasser erhitzt und in Abständen von einer Minute die Temperatur gemessen (▸ Tabelle 02). Wir können zwar alle Informationen aus dieser Tabelle entnehmen, aber viel schneller können wir die Messung deuten, wenn wir die Messwerte in ein Zeit-Temperatur-Diagramm eintragen (▸ Bild 03). Auf der waagerechten Achse tragen wir die Zeit in Minuten ein, auf der senkrechten Achse die gemessene Temperatur in °C.

Das Diagramm zeigt auf einen Blick: Die Temperatur steigt nicht die ganze Zeit kontinuierlich an, obwohl dauernd Wärme zugeführt wird. Zunächst steigt die Temperatur bis auf 0 °C, wo sie dann für einige Zeit konstant bleibt. Anschließend steigt die Temperatur mit der Zeit immer weiter an, bis auf etwa 100 °C. Danach ändert sie sich kaum. Die Diagrammbereiche, in denen die Temperatur trotz Wärmezufuhr konstant bleibt, fallen sofort auf.

Bei 0 °C schmilzt Eis zu Wasser. Die zugeführte Wärme wird hier also zum Schmelzen des Eises benötigt. Die Temperatur steigt daher nicht weiter an. Bei 100 °C geht Wasser in Wasserdampf über. Hier wird die zugeführte Wärme zum Verdampfen des Wassers benötigt. Die Temperatur steigt deshalb nicht weiter.

Bei einem Wechsel des Aggregatzustands bleibt die Temperatur trotz Wärmezufuhr konstant. Diese Tatsache kann man nutzen, um Schmelz- und Siedepunkte von Stoffen zu bestimmen.

1 ┘ ▸ Bild 04 zeigt ein Zeit-Temperatur-Diagramm für Stearinsäure (Kerzenwachs). Gib die Schmelztemperatur von Stearinsäure an. Begründe.

VERSUCHE ► Aggregatzustandsübergänge

Du untersuchst, wie Wärmezufuhr, Wärmeabgabe und Aggregatzustände zusammenhängen.

V1 Frostschutz

Material:

zimmerwarmes Thermometer, das Temperaturen bis −20 °C anzeigen kann; Löschpapier, Gefrierfach

Durchführung:

Lege das Thermometer in das Gefrierfach und miss die Temperatur nach 5 min und nach 15 min. Führe den Versuch noch einmal durch, umwickle das Thermometer aber vorher mit einem feuchten Löschpapier. Vergleiche deine Ergebnisse und erkläre sie.

V2 „Verdunstungskälte"

Material:

Thermometer, Stückchen Watte, etwas Brennspiritus oder Alkohol

Durchführung:

Tränke die Watte mit etwas Alkohol und umwickle das Thermometer mit der Watte. Beobachte die Temperaturanzeige in den nächsten Minuten. Erkläre das Ergebnis dieses Experiments. Führe den Versuch noch einmal durch und puste auf die Watte. Beschreibe, was sich ändert.

V3 Eiseskälte

Material:

Plastikbecher, Digitalthermometer mit Temperaturfühler, Wasser, Gefrierfach

Durchführung:

Gib Wasser in den Plastikbecher, tauche den Temperaturfühler ein und stell das Ganze ins Gefrierfach. Wenn das Wasser gefroren ist, dann gib den Becher in ein großes, warmes Wasserbad. Miss die Temperatur des Eises, bis das Eis ganz geschmolzen ist. Fertige eine Messtabelle an und erstelle ein Diagramm.

Material A ► Taschenwärmer

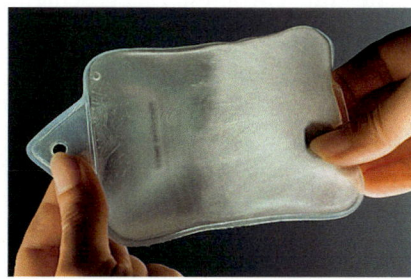

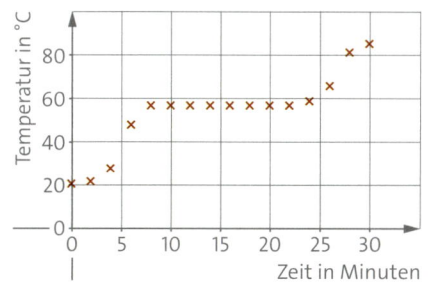

A1 Im Winter werden Taschenwärmer verkauft. Sie bestehen aus einem Päckchen mit einem Salz, das zunächst im heißen Wasserbad geschmolzen wird. Dabei wurde der Temperaturverlauf des Salzes gemessen.
a) Entnimm dem Diagramm die Schmelztemperatur des Salzes.
b) Ermittle die Zeit, bis diese Temperatur erreicht wurde.

c) Vergleiche die Dauer des Erhitzens bis zur Schmelztemperatur mit der Dauer des Schmelzvorgangs und entscheide, wofür mehr Wärme benötigt wird.
d) Beim Abkühlen „vergisst" das Salz, wieder fest zu werden. Erst wenn man ein Plättchen im Taschenwärmer knickt, beginnt das Erstarren. Erkläre, warum dabei Wärme abgegeben wird.

Material B ► Aus dem Alltag

B1 In der Sauna

In der Sauna kann die Temperatur über 100 °C betragen. Erkläre, warum man diese Temperatur dort einige Minuten gut aushalten kann.

B2 Reif im Tiefkühlschrank

Auf winterlichen Wiesen oder in Tiefkühlschränken setzen sich oft kleine Eiskristalle ab. Dieser sogenannte Reif bildet sich besonders dann, wenn feuchte Luft über kalte Gegenstände streicht — wie beim Öffnen der Tiefkühlschranktür. Der Reif kann im Laufe der Zeit eine dicke Eisschicht bilden. Beschreibe, um welchen Übergang es sich handelt, und nenne den Fachbegriff.

Wärmeströmung und Wärmeleitung

Afrikanische Elefanten leben in Savannen bei hohen Temperaturen. Dabei sind sie tag- und nachtaktiv und ruhen nur um die Mittagszeit. Um nicht zu überhitzen, müssen sie viel Wärme an ihre Umgebung abgeben. Wie schaffen sie das?

WÄRMETRANSPORT IM ELEFANTEN · Wenn der Elefant die Energie der Nahrung nutzt, zum Beispiel indem er sich bewegt, dann steigt die Temperatur im Körperinneren. Damit seine Körpertemperatur gleich bleibt, muss er die Wärme an die Umgebung abgeben. Dafür muss der Elefant die Wärme zunächst vom Körperinneren an die Körperoberfläche transportieren. Das geschieht überwiegend mit dem Blutkreislauf. Im Körperinneren wird das Blut erwärmt. Die dabei aufgenommene Wärme führt das Blut an die Oberfläche mit. Insbesondere durch die mit vielen feinen Adern durchzogenen Ohren gibt er dann die Wärme an die Umgebung ab. Das abgekühlte Blut fließt wieder zurück ins Körperinnere.

WÄRMESTRÖMUNG · Die Wärme kann natürlich nicht nur durch das Elefantenblut transportiert werden. Das funktioniert mit allen Flüssigkeiten und Gasen. Das nutzt man zum Beispiel in Heizungsanlagen (▸ Bild 02): Im Brenner wird das Wasser durch das Verbrennen von Gas oder Öl erhitzt. Durch eine Pumpe wird das warme Wasser zu den Heizkörpern gepumpt. Dort gibt das Wasser die Wärme an die Umgebung ab.

kaltes Wasser

warmes Wasser

Pumpe

Heizkessel

Brenner

02 Aufbau einer Zentralheizungsanlage

Auch mit Luftströmungen kann Wärme transportiert werden. Im Sommer empfindest du Wind oft als angenehm. Der Wind weht die Luft in der Umgebung des Körpers weg. Dein Körper hat diese Luft schon erwärmt, sodass der Wind mit der Luft auch Wärme von deinem Körper weg transportiert.

Wenn Wärme durch das Strömen einer Flüssigkeit oder eines Gases transportiert wird, dann spricht man von **Wärmeströmung.**

 Bei der Wärmeströmung wird die Wärme dadurch transportiert, dass strömende Gase und Flüssigkeiten sie mit sich führen.

SELBSTTÄTIGE WÄRMESTRÖMUNG · Beim Elefant funktioniert die Wärmeströmung dadurch, dass das Herz das Blut durch die Adern pumpt. Bei der Heizungsanalage ist es ähnlich. Wie aber ist es beim Wind? Da gibt es sicher keinen Riesen-Ventilator! Wie läuft hier die Wärmeströmung selbsttätig ab?

Wir untersuchen das zunächst bei Wasser in einem Experiment (▸ Bild 03). Wir erhitzen Wasser in einem Becken auf einer Seite mit einem Tauchsieder. Dabei tropfen wir etwas Tinte in das Wasser. Nach kurzer Zeit erkennt man, wie sich ein Wasserkreislauf ausbildet. Die Temperatur des Wassers nimmt auch auf der anderen Seite des Beckens zu.
Man kann das folgendermaßen erklären: Das Wasser wird vom Tauchsieder erhitzt. Dadurch steigt das warme Wasser auf. Auf der Unterseite des Tauchsieders strömt kälteres Wasser nach. Dieses kommt von der anderen Seite des Beckens. Daher strömt das erwärmte Wasser an der Wasseroberfläche auf die rechte Seite des Beckens. So entsteht insgesamt eine Strömung im Uhrzeigersinn.

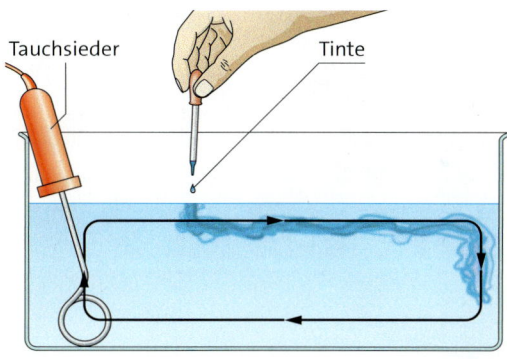

03 Selbsttätige Wärmeströmung in Wasser

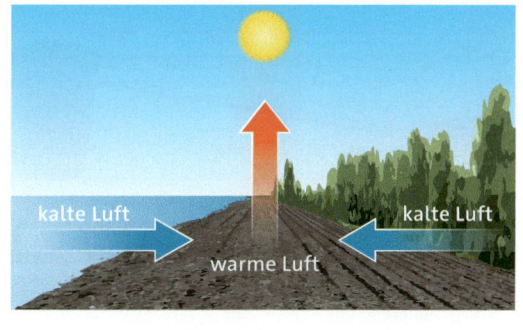

04 So entstehen Luftströmungen

LUFTSTRÖMUNGEN · Die selbsttätige Wärmeströmung kommt im Wasserbecken nur zustande, weil das warme Wasser aufsteigt. Genau so entstehen Luftströmungen (▸ Bild 04): Wenn sich die Erdoberfläche an einer Stelle durch die Sonneneinstrahlung stärker erhitzt als in der Umgebung, dann steigt die erwärmte Luft an dieser Stelle nach oben. Von der Seite strömt kältere Luft nach. Es entsteht Wind!

1) Vergleiche den Wärmetransport beim Elefanten mit dem Wärmetransport in einer Heizungsanlage. Verwende dafür eine Tabelle.

2) Elefanten wedeln bei großer Hitze häufig mit ihren Ohren. Erkläre, welchen Vorteil dies bringt.

3) Die Luftströmung im ▸ Bild 04 wird im Text nur teilweise erklärt. Vervollständige die Erklärung.

01 Der Hund gibt Wärme an die Fliesen ab.

02 Wärmeleitung in einem Metallstab

03 Luft ist ein schlechter Wärmeleiter

WÄRMELEITUNG · Viele Säugetiere sind am Bauch weniger stark behaart als am restlichen Körper. So schützt sie ihr Fell am Rücken und an den Seiten gegen die Sonneneinstrahlung. Gleichzeitig können sie aber bei Bedarf am Bauch leichter Wärme abgeben. Hunde nutzen dies zur direkten Abkühlung, indem sie sich mit dem Bauch auf kühle Fliesen oder Steine legen (► Bild 01). So wird Wärme direkt über die Haut an die Fliesen abgeleitet.

Die Wärmeleitung kannst du mit dem Versuch im ► Bild 02 auch in einem Metallstab nachweisen. Wenn du ein Ende des Stabs mit einem Teelicht erhitzt, dann fallen die Wachskugeln nacheinander herunter, zuletzt die Kugel auf der vom Teelicht abgewandten Seite. Der Metallstab leitet also die Wärme weiter, ohne dass er sich selbst bewegt. Das nennt man **Wärmeleitung.**
Wenn du verschiedene Stoffe untersuchst, dann stellst du fest, dass die Wärme unterschiedlich gut weitergeleitet wird (► Bild 03).

/// Bei der Wärmeleitung wird Wärme innerhalb eines Stoffs transportiert. Der Stoff selbst bewegt sich dabei nicht.

WÄRMEDÄMMUNG MIT LUFT · Im ► Bild 03 siehst du, dass Luft ein schlechter Wärmeleiter ist. Daher eignet sie sich zur Wärmedämmung. Aber die Luft kann Wärme durch Wärmeströmung leicht abtransportieren. Genau das verhindert das Gefieder der Vögel (► Bild 04): Die Luft zwischen Haut und Federn wird vor dem Wind und damit der Wärmeströmung geschützt. Im Winter plustern sich viele Vögel auf, um die schlechte Wärmeleitung der Luft noch besser auszunutzen.

1 ♩ Ein Teppichboden fühlt sich wärmer an als ein Fliesenboden. Erkläre.

04 Wacholderdrosseln: **A** schlank, **B** aufgeplustert

Wärmedämmung beim Haus

Die Wärmedämmung sorgt dafür, dass ein Haus möglichst wenig Wärme an die Umgebung abgibt. So wird weniger Wärme für das Heizen benötigt.

Meistens nutzt man bei Materialien zur Wärmedämmung die schlechte Wärmeleitfähigkeit der Luft aus. Dazu muss man die Wärmeströmung der Luft verhindern. Das erreicht man dadurch, dass man sie durch zusätzliche Hindernisse daran hindert zu strömen. Die folgenden Beispiele zeigen, wie das technisch umgesetzt wird.

Mehrfachglasfenster · Seit langer Zeit nutzen Menschen Fensterglas, um Licht ins Haus zu bekommen. Glas ist aber ein relativ guter Wärmeleiter, sodass dabei gleichzeitig viel Wärme an die Umgebung abgegeben wird.

Wenn man eine dünne Luftschicht zwischen Glasscheiben einsperrt, dann verhindert man die Wärmeströmung der Luft. ▸ Bild 05 zeigt den Aufbau eines modernen Mehrfachglasfensters, bei dem man dies ausnutzt.

Dämmstoffe · Die Außenseite eines Hauses wird heutzutage mit Dämmstoffplatten verkleidet. So ein Dämmstoff hat eine sehr kleine Dichte. Das kommt daher, dass er fast nur aus eingesperrter Luft besteht. Im ▸ Bild 06 siehst du ein Stück Dämmstoff unter dem Mikroskop. Du erkennst zwischen den einzelnen Kügelchen viele Zwischenräume. Darin und in den Kügelchen selbst ist die Luft eingeschlossen. Dadurch wird die Wärmeströmung der Luft verhindert.

Lücken in der Wärmedämmung · Die beste Wärmedämmung hilft aber wenig, wenn sie Lücken hat. Im ▸ Bild 07 siehst du ein Beispiel für eine solche Lücke.

Die Bodenplatte eines Balkons besteht aus Stahlbeton, einem guten Wärmeleiter. Da die Platte im Inneren des Gebäudes befestigt ist, wird die Wärme an der Dämmung vorbei aus dem Haus geleitet. Das zeigt die Aufnahme mit einer Wärmebildkamera. Die Temperatur an der Unterseite des Balkons ist höher als an der Außenwand des Hauses. Solche Lücken in der Wärmedämmung nennt man bei Häusern auch Wärmebrücken.

2 ▸ **a)** Lisa fragt: „Warum ist es bei Fenstern nicht besser, eine dicke Glasscheibe zu nehmen statt mehreren dünnen?" Schreibe eine Antwort.
b) Tom fragt: „Warum nimmt man bei den Mehrfachglasfenstern mehrere Scheiben? Würden zwei Scheiben mit einer dicken Luftschicht dazwischen nicht ausreichen?" Schreibe eine Antwort für Tom.

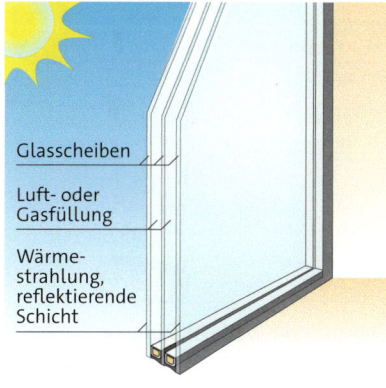

Glasscheiben

Luft- oder Gasfüllung

Wärmestrahlung, reflektierende Schicht

05 Aufbau eines Mehrfachglasfensters

06 Dämmstoff unter dem Mikroskop

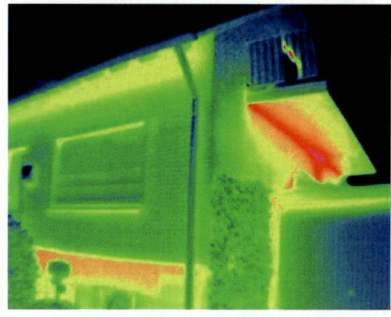

07 Wärmebildaufnahme eines Hauses; Rot: höhere Temperatur, Grün: niedrigere Temperatur

VERSUCHE ► Wärmeströmung und Wärmeleitung in Natur und Technik

V1 Wärmedämmung

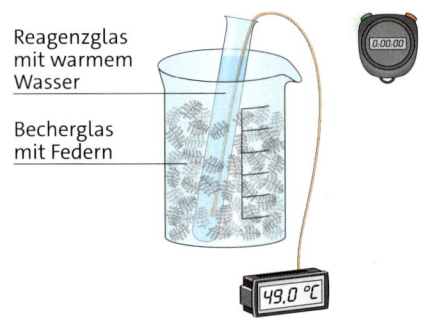

Reagenzglas mit warmem Wasser

Becherglas mit Federn

49,0 °C

01 Versuch zur Wärmedämmung

Du untersuchst, wie gut verschiedene Materialien zur Wärmedämmung geeignet sind.

Material:

Becherglas (250 ml), großes Reagenzglas, Thermometer, Stoppuhr, 50 °C warmes Wasser, verschiedene Materialien zur Wärmedämmung, zum Beispiel: Daunenfedern, Wolle, Styroporflocken, Watte, Heu

Arbeitsauftrag:

Du wirst einen Temperaturverlauf aufnehmen. Lege eine entsprechende Tabelle an und bereite Stoppuhr und Thermometer vor (► Bild 01).
a) Fülle das Becherglas mit Daunenfedern. Drücke die Federn dabei leicht an. Fülle das Reagenzglas etwa zu drei Vierteln mit dem warmen Wasser und stelle es in das Glas mit den Federn (► Bild 01). Starte die Stoppuhr. Miss jede Minute die Temperatur und notiere sie in der Tabelle. Beende deine Messreihe nach 10 Minuten.

b) Entferne die Federn aus dem Becherglas. Wiederhole die Messung wie bei a) mit dem leeren Becherglas.
c) Stelle den Temperaturverlauf bei beiden Gläsern in einem gemeinsamen Diagramm dar. Erkläre den Unterschied bei den Messungen.
d) Gehe bei den anderen Materialien vor wie bei a) und c).
e) Emma meint: „Je dichter man das Material packt, desto besser wird die Wärmedämmung." Untersuche Emmas Aussage mit einem selbst geplanten Versuch.

V2 Wärmeströmung bei dir selbst

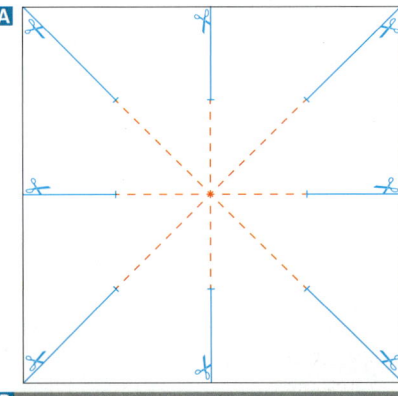

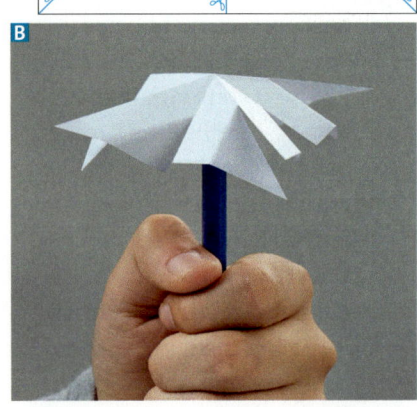

02 Windrad: **A** Bauanleitung, **B** fertiges Exemplar

Du weist die Wärmeströmung bei deinem eigenen Körper nach.

Material:

Quadratisches Papier (ca. 8 cm x 8 cm), Schere, Bleistift

Arbeitsauftrag:

a) Falte das Papier an den Mittellinien und den Diagonalen. Schneide die Faltlinien überall mehr als zur Hälfte ein (► Bild 02 A).
b) Falte alle Ecken links von einer Faltlinie nach unten, sodass eine Art Windrad entsteht.
c) Halte das Windrad auf der Bleistiftspitze über deiner Hand (► Bild 02 B). Warte kurz. Wenn du genau gearbeitet hast, dann beginnt das Papier sich zu drehen. Erkläre.
d) Mit dem Windrad kannst du auch andere schwache Luftströmungen nachweisen. Untersuche verschiedene Stellen in einem Raum. Notiere deine Beobachtung.

V3 Wärmeleitung bei dir selbst

Du erlebst die Wärmeleitung am eigenen Körper.

Arbeitsauftrag:

Führe den Versuch mit einem Partner durch.
a) Gib deinem Partner die Hand. Fühlt sich dessen Hand kalt oder warm an? Was empfindet dein Partner?
b) Einer von beiden reibt seine Hände aneinander. Wiederholt dann den Versuch. Beschreibe deine Beobachtungen.
c) Erkläre deine Beobachtungen.

Material A ▸ Macht Wolle warm?

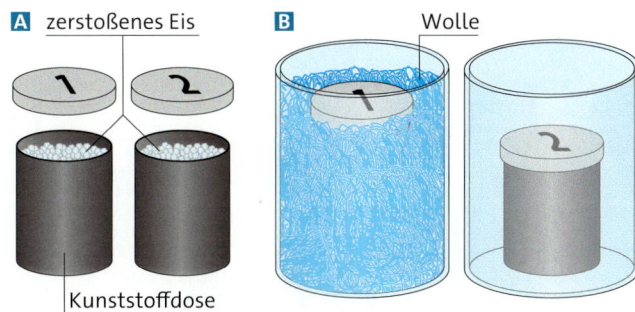

03 Dämmt Wolle besser als Luft?

A1 a) In welcher Dose im ▸ Bild 03 B schmilzt das Eis schneller? Begründe deine Antwort.
b) Zeichne für beide Dosen je ein Energiefluss-diagramm.

A2 a) Führe einen Versuch wie im ▸ Bild 03 durch.
b) Nina sagt: „In meinem Wollpulli wird mir nicht kalt, weil Wolle warm macht." Stimmt das? Vergleiche mit dem Versuchsergebnis.

Material B ▸ Die Teebeutel-Rakete

04 Teebeutel-Rakete: **A** kurz vor, **B** kurz nach dem Start

Tom baut eine Teebeutel-Rakete: Er leert den Tee aus einem Teebeutel. Den Beutel faltet er auf und stellt ihn wie eine Röhre auf eine feuerfeste Unterlage. Er zündet die Röhre oben an (▸ Bild 04 A). Kurz bevor der Beutel ganz abbrennt, hebt er ab (▸ Bild 04 B).
Wenn du es selbst machst: Nur unter Aufsicht!

B1 a) Die Wärmeströmung spielt beim Start der „Rakete" eine entscheidende Rolle. Erkläre.
b) Tom möchte die Rakete auf einem Fest vorführen. Schreibe einen lustigen Text, der beim Auspacken des Teebeutels beginnt und mit dem Raketenstart endet.
c) Schreibe eine Erklärung, die er vortragen kann.

Material C ▸ Pinguine haben kalte Füße

Pinguine haben an den Füßen keine isolierende Fett-schicht und auch keine Federn. Deswegen verlieren sie an ihren Füßen besonders leicht Wärme. Um weniger Wärme abzugeben, halten Pinguine ihre Füße auf einer sehr niedrigen Temperatur: Bei −20 °C Außentemperatur beträgt zum Beispiel beim Adelie-Pinguin die Temperatur im Körperinnern 39 °C, die Temperatur seiner Füße ist aber nur 1 °C.

Um die Temperatur im Körperinnern und an den Füßen konstant zu halten, benutzen die Pinguine eine Art Wärmetauscher: In den Beinen fließt das Blut durch Arterien vom Körperinnern zu den Füßen. Die Arterien liegen zwischen mehreren Venen, in denen das Blut wieder zurück ins Körperinnere fließt. Die Arterien und Venen liegen so dicht aneinander, dass zwischen ihnen Wärmeleitung auftritt.

C1 a) Kalte Füße sind für Pinguine überlebenswichtig. Erkläre.
b) Zeichne vereinfacht eine Bein-Arterie zwischen zwei Venen. Kennzeichne mit Pfeilen die Fließrichtung des Bluts. Stelle die Temperatur des Bluts farbig dar. Nimm Rot für warmes, Blau für kaltes Blut. Zeichne ein, wo durch Wärmeleitung Wärme übertragen wird. Erkläre deine Zeichnung.

01 Die Schirme bieten Schutz vor der Strahlung der Sonne.

Wärmestrahlung

Die Sonne brennt vom Himmel. Der Sand ist so heiß, dass man kaum darüber laufen kann. Nur im Schatten kann man es längere Zeit aushalten. Wie kommt es zu diesem Unterschied?

STRAHLENDE SONNE · Du hast gelernt, dass die Erde ihre Wärme von der Sonne erhält. Du weißt sicherlich, dass der Weltraum zwischen Sonne und Erde praktisch leer ist. Das bedeutet, dass die Wärme nicht mit Wärmeströmung oder Wärmeleitung übertragen werden kann. Offensichtlich gibt es noch eine weitere Möglichkeit des Wärmetransports, die **Wärmestrahlung**. Sie benötigt anders als Wärmeströmung und Wärmeleitung keinen Stoff.

Im direkten Sonnenlicht nehmen alle Körper Wärme durch die Wärmestrahlung von der Sonne auf. Deswegen ist der Sand dort so heiß. Ohne die direkte Wärmestrahlung ist es deswegen im Schatten kühler.

DAS STRAHLENDE BÜGELEISEN · Nicht nur die Sonne sendet Wärmestrahlung aus. Das erkennst du zum Beispiel, wenn du deine Hand vorsichtig in einiger Entfernung vor ein Bügeleisen hältst (▸ Bild 02).

Wenn du das Bügeleisen nun anstellst, dann spürst du an der Hand deutlich, wie die Temperatur ansteigt. Wärmeleitung ist hierfür nicht verantwortlich, da Luft ein schlechter Wärmeleiter ist. Durch die selbsttätige Wärmeströmung erwärmt sich die Luft über dem

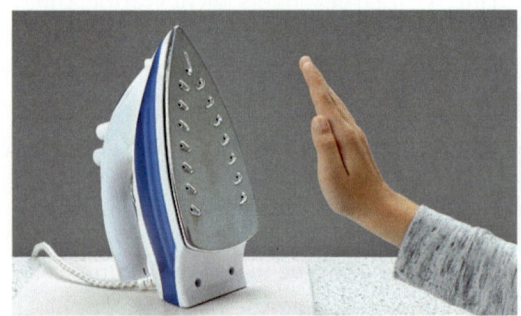

02 Die Hand spürt eine Erhöhung der Temperatur.

Bügeleisen, aber nicht vor ihm. Es kann also nur die Wärmestrahlung verantwortlich für den Temperaturanstieg sein.

Ob das Bügeleisen heiß ist oder nicht, kannst du mit deinen Augen nicht sehen. Aber es gibt sogenannte Wärmebildkameras, die empfindlich für Wärmestrahlung sind. ▶ Bild 03 zeigt eine entsprechende Aufnahme des Bügeleisens.

WÄRMESTRAHLUNG ÜBERALL · An dem ▶ Bild 03 kannst du noch etwas erkennen: Die Hand sendet auch Wärmestrahlung aus. Tatsächlich ist es so, dass jeder Körper, der wärmer ist als seine Umgebung, Wärme durch Wärmestrahlung abgibt. Menschen geben etwa die Hälfte der Wärme durch Wärmestrahlung ab!

/// Jeder Körper gibt Wärme durch Wärmestrahlung ab. Für diese Art der Wärmeübertragung wird kein Stoff benötigt.

STRAHLUNG UND TEMPERATUR · Je höher die Temperatur des Körpers ist, desto mehr Wärme strahlt er aus. Auch das spürst du vor dem Bügeleisen. Wenn du am Bügeleisen eine höhere Temperatur einstellst, dann ist die Wärmestrahlung so stark, dass du deine Hand zurückziehen musst, um dich nicht zu verbrennen.

Ein heißes Bügeleisen hat eine Temperatur von bis zu 220 °C. Was geschieht, wenn die Temperatur eines Körpers noch größer ist?

Das untersuchen wir an einem gewickelten Draht, der durch den elektrischen Strom erwärmt wird (▶ Bild 04 A): Wenn der Draht etwa 100 °C heiß ist, dann kann man die Wärmestrahlung nur mit der Wärmebildkamera nachweisen, so wie beim Bügeleisen.

Wenn ein größerer Strom durch den Draht fließt, dann fängt er an zu glühen (▶ Bild 04 B). Er hat jetzt eine Temperatur von etwa 750 °C. Du kannst die Wärmestrahlung dann mit der Hand fühlen und mit den Augen sehen!

Wenn ein Körper mindestens so heiß ist wie der glühende Draht, dann sendet er auch sichtbares Licht als Wärmestrahlung aus. Da die Sonne eine Temperatur von 5 500 °C hat, ist sie für die Augen sichtbar. Deine Hand und das Bügeleisen senden nur unsichtbare **Infrarotstrahlung** als Wärmestrahlung aus, weil sie eine niedrigere Temperatur haben.

1 **a)** Beschreibe, woran man im ▶ Bild 03 erkennt, welche Temperatur ein Gegenstand hat.
b) Beschreibe, wie sich ▶ Bild 03 ändert, wenn das Bügeleisen ausgeschaltet wird.

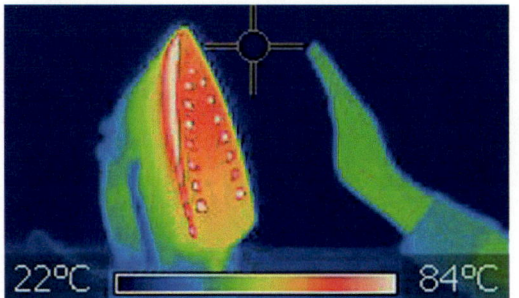

03 Aufnahme mit der Wärmebildkamera

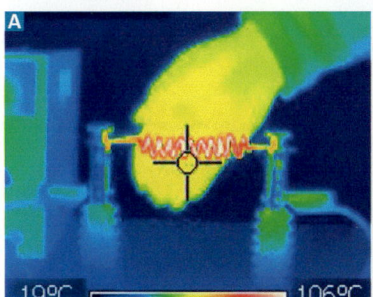 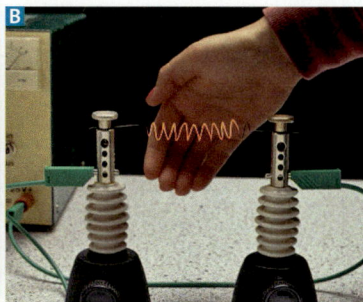

04 Drahtwendel, **A** Foto mit Wärmebildkamera, **B** Foto mit Kamera

01 Hilft weiße Farbe gegen Hitze?

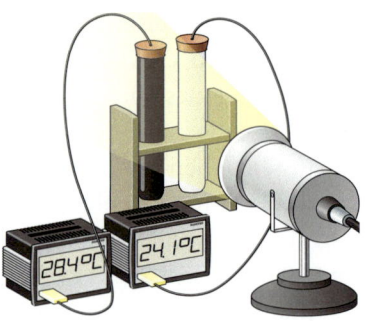

02 Absorption von Strahlung

ABSORPTION VON STRAHLUNG · In heißeren Ländern sind die Häuser oft hell gestrichen (▸ Bild 01). Welchen Vorteil bietet das? Dazu führen wir einen Versuch durch (▸ Bild 02). Wir streichen ein Reagenzglas weiß an und ein weiteres schwarz. Wir füllen beide Gläser mit Wasser und stellen sie vor eine starke Glühlampe. Wir messen die Temperatur des Wassers in den Gläsern. Du siehst: Die Temperatur im schwarzen Reagenzglas steigt schneller als im weißen.

Die schwarze Oberfläche „verschluckt" also die Wärmestrahlung besser als die weiße Oberfläche. Man sagt: Die schwarze Oberfläche **absorbiert** die Strahlung besser. Bei der Absorption wird Wärme auf das Reagenzglas übertragen. Das führt zur steigenden Temperatur des Wassers. Bei der weißen

Oberfläche wird nicht so viel Wärmestrahlung absorbiert und die Temperatur steigt nicht so schnell. Das beobachtet man bei allen hellen und dunklen Oberflächen. Und genau das nutzt man bei den hell gestrichenen Häusern aus.

/// Ein Körper mit dunkler Oberfläche absorbiert Wärmestrahlung besser als ein Körper mit heller Oberfläche.

WÄRMEHAUSHALT BEI EISBÄREN · Eisbären tragen ein dichtes Fell (▸ Bild 03 A). Es ist ölig und sehr dicht, sodass es viel Luft einschließt. Dadurch wird die Wärmeströmung verhindert und die Eisbären können die schlechte Wärmeleitung der Luft ausnutzen. Zudem sind die Haare hohl, sodass auch hier Luft eingesperrt ist. Daher geben Eisbären wenig Wärme an die Umgebung ab.

Das Eisbärenfell ist weiß. So sind die Bären bei Schnee und Eis gut getarnt. Allerdings scheinen sie so auch nur wenig Wärme über Wärmestrahlung aufnehmen zu können. Die Natur hat für den Eisbären eine trickreiche Lösung entwickelt: Seine Haut ist schwarz. Im ▸ Bild 03 kannst du das erkennen. Die einzelnen Haare des Fells sind fast durchsichtig. Dadurch gelangt die Strahlung von der Sonne praktisch ungehindert zur schwarzen Hautoberfläche, wo sie absorbiert wird. In Eis und Schnee ist das wichtig, um die Körpertemperatur konstant zu halten.

1 ⌡ An heißen Sommertagen ist es vorteilhaft, eher helle als dunkle Kleidung zu tragen. Erläutere.

2 ⌡ In einem Buch steht: „Das Fell eines Eisbären hat Funktionen, deren Ausgestaltung sich scheinbar widersprechen." Erkläre, was damit gemeint ist.

03 **A** Eisbärengesicht, **B** Eisbärenfüße

VERSUCHE ▸ Absorption von Wärmestrahlung

V1 Schwarz oder weiß?

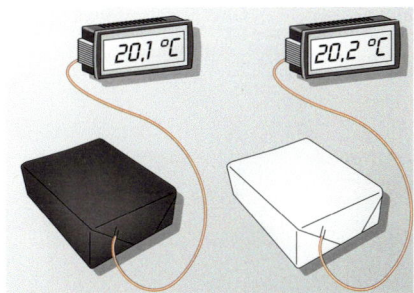

04 Spielt die Farbe eine Rolle?

Du untersuchst, wie die Oberfläche eines Körpers die Absorption beeinflusst.

Material:
2 gleiche kleine Schachteln (Streichholzschachteln), weißes und schwarzes Papier, Klebeband, 2 Thermometer, Stoppuhr, eventuell eine starke Glühlampe

Arbeitsauftrag:
a) Beklebe eine Schachtel mit weißem, die andere mit schwarzem Papier. Befestige die Thermometer so, dass sie die Temperatur im Innern der Schachteln messen (▸ Bild 04).
b) Lege beide Schachteln in die Sonne oder unter die Lampe. Miss die Temperatur während 5 Minuten jede 30 Sekunden. Notiere die Messwerte in einer Tabelle.
c) Stelle den Temperaturverlauf der beiden Schachteln in einem gemeinsamen Diagramm dar.
d) Erkläre anhand des Diagramms, welchen Einfluss die Oberfläche eines Körpers auf die Absorption von Wärmestrahlung hat.

V2 Der Trick mit dem Eisbärenfell

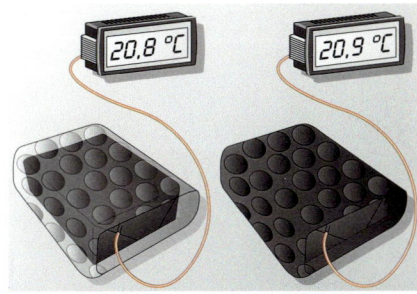

05 Sind durchsichtige Haare sinnvoll?

Du lernst, warum das fast durchsichtige Eisbärenfell sinnvoll ist.

Material:
siehe V1, zusätzlich: Luftpolsterverpackungsfolie, schwarzer Permanentmarker

Arbeitsauftrag:
a) Beklebe beide Schachteln mit schwarzem Papier. Umwickle sie mit Luftpolsterverpackungsfolie (▸ Bild 05). Male bei einer Schachtel die Folie schwarz an.
b) Gehe wie in V1 b) und c) vor.
c) Erkläre, warum sich eine Schachtel stärker erwärmt als die andere. Überlege dir dazu, an welcher Stelle genau die

Wärmestrahlung absorbiert wird.
d) Erkläre anhand deiner Versuchsergebnisse, warum es sinnvoll ist, dass das Eisbärenfell fast durchsichtig ist.

V3 Wärmestrahlung spüren

Du erlebst die Wärmeleitung am eigenen Körper.

Material:
Alufolie

Arbeitsauftrag:
a) Halte deine Hände dicht nebeneinander, ohne dass sie sich berühren (▸ Bild 06 A). Beschreibe, was du spürst.
b) Halte die Alufolie für etwa 2 Minuten vor dein Ohr (▸ Bild 06 B). Beschreibe, was du spürst.
c) Erkläre deine Beobachtungen.

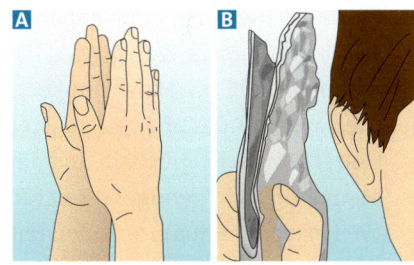

06 Wärmestrahlung spüren

Material A ▸ Aufbau und Funktion eines Solarkollektors

A1 Das ▸ Bild rechts zeigt vereinfacht den Aufbau eines Solarkollektors. Erkläre die Aufgabe der Bauteile eines Solarkollektors, die dort bezeichnet sind. Gehe dabei auf die Wärmeübertragung durch Wärmeströmung, Wärmeleitung und Wärmestrahlung ein.

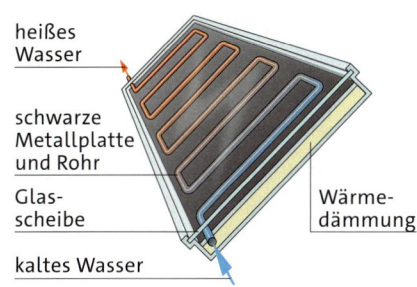

Kochen mit Wärme von der Sonne

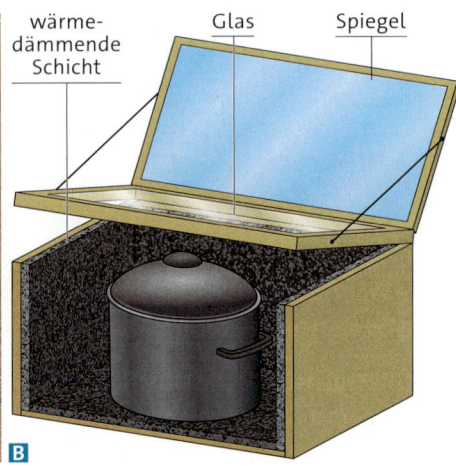

01 **A** Mit Sonnenlicht kann man kochen. **B** Aufbau der Kochkiste

Kochen mit Feuer · Würstchen oder Stockbrot am Lagerfeuer sind für dich vielleicht eine schöne Abwechslung. Aber ein großer Teil der Weltbevölkerung muss sein Essen jeden Tag auf offenem Holzfeuer zubereiten. Das ist vor allem in den Entwicklungsländern der Fall.
Das hat schwerwiegende negative Folgen. In vielen dieser Länder gibt es wenig Wald. Oft werden die letzten Bäume gefällt, um Holz zum Kochen zu haben. Die Flächen werden dadurch oft zu Steppe oder Wüste. Das Holzsammeln ist mühsam und dauert lange, sodass die Menschen nicht genügend Zeit für die Feldarbeit haben. Weil in jedem Haus eine Feuerstelle ist, atmen die Menschen ständig den schädlichen Rauch ein.

Die Kochkiste · In einer Kochkiste kann man direkt mit der Wärme von der Sonne kochen und benötigt kein Holzfeuer. Im ▸ Bild 01 A siehst du, wie eine Frau mithilfe einer Kochkiste das Essen kocht. Eine Kochkiste ist sehr einfach gebaut. ▸ Bild 01 B zeigt den Aufbau:
Die Wände und der Boden sind auf der Innenseite schwarz gestrichen. Sie besitzen zudem eine wärmedämmende Schicht nach außen. Die Kiste wird oben mit Glas oder einer durchsichtigen Folie verschlossen. Der Deckel besteht aus einem großen Spiegel. Zum Kochen

richtet man die Kiste zur Sonne hin aus und stellt einen dunklen Kochtopf in die Kiste.

1 Erkläre die Aufgabe der Bauteile einer Kochkiste, die im ▸ Bild 01 B bezeichnet sind.

2 **a)** Beschreibe, wie sich das Leben der Menschen ändert, wenn sie zum Kochen eine Kochkiste statt eines Holzfeuers verwenden.
b) Damit möglichst viele Menschen eine Kochkiste verwenden, muss sie sehr einfach gebaut sein. Begründe.
c) Wenn möglichst viele Menschen eine Kochkiste verwenden, dann hat das nicht nur vor Ort, sondern überall auf der Erde positive Folgen. Erläutere.

3 **a)** Beschreibe die Funktion folgender Bauteile des Solarkochers im ▸ Bild 02:
– Trichter mit Alufolie,
– schwarz bemaltes Glas,
– geschlossener Müllbeutel.
b) Vergleiche den Aufbau von Kochkiste und Solarkocher. Stelle Gemeinsamkeiten und Unterschiede gegenüber.

Bau eines Solarkochers

Material:

Großer Pappkarton (ca. 40 cm x 80 cm), Aluminium-folie, breites Klebeband, großes Glas mit Deckel (z. B. Gurkenglas), passendes Holzstück, wasserfeste schwarze Farbe, durchsichtiger Müllbeutel mit Verschluss, Teppichmesser, Schere, Kleber, Pinsel, Stift, Sonnenbrille, Topfhandschuhe

Arbeitsauftrag:

Arbeite nur unter Aufsicht eines Erwachsenen!

a) Schneide mit dem Teppichmesser **(Vorsicht!)** in der Mitte der längeren Seite einen Halbkreis mit einem Durchmesser von 25 cm bis 30 cm aus.

b) Forme aus dem Karton einen Trichter (▸ Bild 02 A). Die beiden Seiten Z und U sollen zusammenkommen, sodass aus dem Halbkreis ein kreisförmiges Loch entsteht. Noch nicht zusammenkleben!

c) Klebe Aluminiumfolie so auf den Karton und den abgeschnittenen Halbkreis, dass die glatte Seite der Folie oben ist. Schneide überstehende Folie ab.

d) Klebe den Trichter mit Klebeband zusammen (▸ Bild 02 B). Verschließe ihn unten mit dem Halbkreis.

e) Male Glas und Deckel schwarz an, eventuell mehrfach. Lass die Farbe trocknen.

f) Fülle das Glas mit Wasser. Verschließe das Glas und stelle es auf dem Holzstück in den Müllbeutel (▸ Bild 02 C). Puste Luft in den Beutel, sodass er sich etwas aufbläht und verschließe ihn dicht (▸ Bild 02 D).

g) Arbeite ab hier mit Sonnenbrille!

Stelle den Solarkocher so auf, dass die Sonne genau in den Trichter scheint (▸ Bild 02 E). Du kannst ihn dafür zum Beispiel in einen anderen Karton oder in einen Wäschekorb stellen. Wenn du deine Hand kurz in den Trichter hältst, kannst du die Wärmestrahlung spüren.

h) Stelle das Glas vorsichtig in den Trichter. Nach ein bis zwei Stunden kocht das Wasser.

Vorsicht! Das Glas nur mit Topfhandschuhen aus dem Trichter holen! Vorsicht! Heißes Wasser!

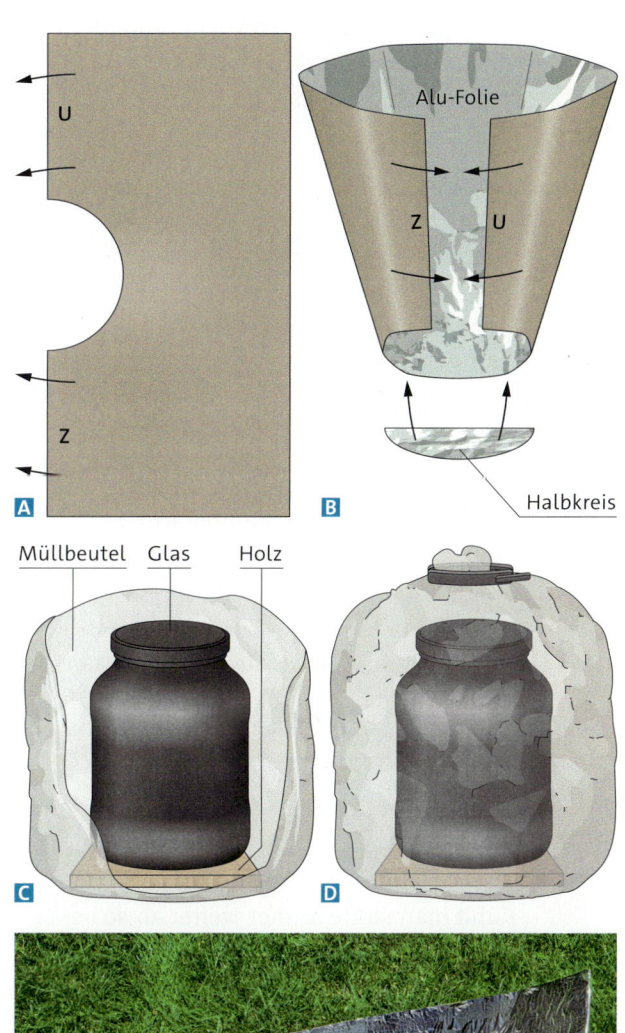

02 Bau eines Solarkochers

Teilchenmodell

Viele Eigenschaften der Stoffe können wir mit einer vereinfachten Vorstellung, dem **Teilchenmodell,** erklären:
- Alle Stoffe bestehen aus kleinen, beweglichen Teilchen.
- Ein Teilchen hat einen Durchmesser von etwa einem millionstel Millimeter.
- Zwischen den Teilchen befindet sich leerer Raum.

Temperatur

Temperaturen messen wir mit **Thermometern.** Die Einheit der Temperatur ist ein Grad Celsius (1 °C). **Fixpunkte** der Celsius-Skala sind die Schmelztemperatur von Eis (0 °C) und die Siedetemperatur von Wasser (100 °C).
Die tiefste Temperatur bezeichnet man als **absoluten Nullpunkt.** Sie liegt bei −273,15 °C. Dort beginnt die Temperaturskala nach Kelvin bei 0 K. Eine Temperaturangabe in K ist immer um 273,15 größer als in °C.
Im Teilchenmodell: Je heftiger sich die Teilchen bewegen, aus denen der Körper besteht, desto höher ist seine Temperatur. Kühlt man Stoffe immer weiter ab, so bewegen sich die Teilchen immer langsamer, bis sie am absoluten Nullpunkt praktisch zum Stillstand kommen.

Ausdehnung

Die meisten Körper dehnen sich beim Erwärmen aus. Die Volumenzunahme ist umso größer, je größer die Temperaturerhöhung und je größer das Anfangsvolumen ist. Sie hängt auch vom Stoff ab. Sinkt die Temperatur, so verringert sich das Volumen.
Im Teilchenmodell: Da sich die Teilchen bei höherer Temperatur heftiger bewegen, benötigen sie mehr Platz.

Wasser ist eine **Ausnahme:** Wasser dehnt sich bei Abkühlung unter 4 °C aus.

Aggregatzustände

Stoffe kommen in verschiedenen **Aggregatzuständen** vor: fest, flüssig oder gasförmig. Bei Zufuhr oder Abgabe von Wärme können Stoffe ihren Aggregatzustand ändern. Beim Schmelzen und Sieden nehmen die Körper Wärme auf, ohne dass sich ihre Temperatur dabei ändert.

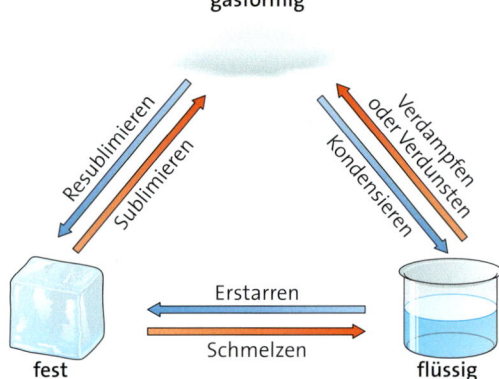

01 Übergänge zwischen den Aggregatzuständen

Wenn Flüssigkeiten unterhalb der Siedetemperatur bereits in den gasförmigen Zustand übergehen, nennt man das **Verdunsten.**

Im Teilchenmodell:
- In **Festkörpern** liegen die Teilchen dicht beieinander und haben einen starken Zusammenhalt.
- In **Flüssigkeiten** liegen die Teilchen ebenfalls dicht beieinander, sind aber leicht gegeneinander verschiebbar.
- In **Gasen** befinden sich die Teilchen in deutlich größerem Abstand voneinander ohne jeden Zusammenhalt.

Beim Schmelzen und Sieden wird die Wärme dazu verwendet, den Zusammenhalt zwischen den Teilchen zu schwächen.

Wärme wird übertragen

Um die Temperatur eines Körpers zu erhöhen, muss man ihm Wärme zuführen. Damit seine Temperatur konstant bleibt, muss man genau so viel Wärme zuführen wie der Körper abgibt.

Wärmestrahlung: Man spricht von Wärmeströmung, wenn die Wärme durch Strömen einer Flüssigkeit oder eines Gases transportiert wird.

Wärmeleitung: Bei der Wärmeleitung wird Wärme innerhalb eines Stoffes transportiert. Der Stoff selbst bewegt sich dabei nicht.

Wärmestrahlung: Jeder Körper gibt Wärme durch Wärmestrahlung ab. Für diese Art der Wärmeübertragung wird kein Stoff benötigt.

Je höher die Temperatur des Körpers ist, desto mehr Wärme strahlt er ab.

Absorption von Strahlung: Ein Körper mit dunkler Oberfläche absorbiert Wärmestrahlung besser als ein Körper mit heller Oberfläche.

Wärmedämmung: Häuser werden mit Dämmstoffplatten eingepackt. Diese Wärmedämmung sorgt dafür, dass die Wärmeabgabe an die Umgebung geringer ist. Deswegen benötigt man dann beim Heizen weniger Wärme.

Überprüfe dich selbst:

Kann ich ...

... die Funktionsweise eines Flüssigkeitsthermometers erklären? (S. 92)

... die Fixpunkte der Celsius-Skala und den absoluten Nullpunkt angeben? (S. 92 ff.)

... die Ausdehnung von Stoffen beim Erwärmen mit dem Teilchenmodell erklären? (S. 96 ff., 100 ff.)

... die einzelnen Aggregatzustände und die Namen der Übergänge benennen? (S. 104 ff.)

... die Aggregatzustände mit dem Teilchenmodell beschreiben und erklären? (S. 105)

... die Bedeutung des Begriffs „Verdunsten" erklären? (S. 105)

... mit dem Teilchenmodell erklären, warum sich bei der Änderung des Aggregatzustands die Temperatur nicht ändert? (S. 105)

... Diagrammen physikalische Aussagen entnehmen? (S. 106 f.)

... Wärmeströmung, Wärmeleitung und Wärmestrahlung erklären und Versuche zu ihrem Nachweis beschreiben? (S. 108 ff, 114 ff.)

... anhand von Versuchen beschreiben, wie man die Wärmeabgabe eines Körpers verringert? (S. 111)

... an Beispielen erläutern, wie die Absorption von Wärmestrahlung genutzt wird? (S. 116 ff.)

Magnetismus

In diesem Kapitel beschäftigst du dich mit

- Magneten, die du aus dem Alltag kennst, und erfährst einiges über ihre Eigenschaften. Du lernst ein Modell kennen, das die grundlegenden Eigenschaften von Magneten veranschaulicht.

- den Feldern von Magneten. Du erfährst, dass auch die Erde ein Magnetfeld hat und dass man sich daran orientieren kann.

01 Modellauto bei „Kopfüber"-Fahrt

Magnete

An der Unterseite von Noahs Auto kleben Magnete. Nun kann es auch kopfüber an einem Eisenträger entlangfahren. An einem Aluminiumträger klappt das aber nicht. Was steckt dahinter?

MAGNETE WIRKEN ANZIEHEND · Du kannst leicht herausfinden, welche Körper ein Magnet anzieht. Hierzu benötigst du einen Magneten und verschiedene Gegenstände. Wenn du den Magneten nacheinander an verschiedene Gegenstände hältst, dann stellst du fest: Der Magnet zieht nur Körper an, die bestimmte Materialien enthalten. So haftet eine Eisenschraube am Magneten, nicht aber eine Glasmurmel. Nur Körper, die Eisen, Nickel oder Kobalt enthalten, werden angezogen. Man bezeichnet diese Körper auch als **ferromagnetisch.**

ferromagnetisch von ferrum (lat.): Eisen

/// Magnete wirken auf Körper, die Eisen, Nickel oder Kobalt enthalten.
Körper aus solchen Materialien nennt man ferromagnetisch.

Das Auto kann also nur an ferromagnetischen Trägern kopfüber entlangfahren, aber beispielsweise nicht an einem Aluminiumträger.

WER ZIEHT WEN AN? · Du fragst dich vielleicht: Ziehen die Magnete am Modellauto den Eisenträger an oder zieht der Eisenträger die Magnete an?
Wir klären diese Frage mit einem Experiment. Hierzu legen wir einen Stabmagneten und eine ferromagnetische Spielzeugmaus jeweils auf einen Wagen. Zunächst nähern wir den Magneten vorsichtig der Maus. Wir beobachten, dass sich die Maus auf den Magneten zubewegt (▸ Bild 02A).
Wenn wir nun umgekehrt die Maus dem Magneten nähern, dann bewegt sich der Magnet auf die Maus zu (▸ Bild 02B). Der Magnet zieht also die Spielzeugmaus an, die Maus aber auch den Magneten.

/// Ein Magnet und ein ferromagnetischer Körper ziehen sich gegenseitig an.

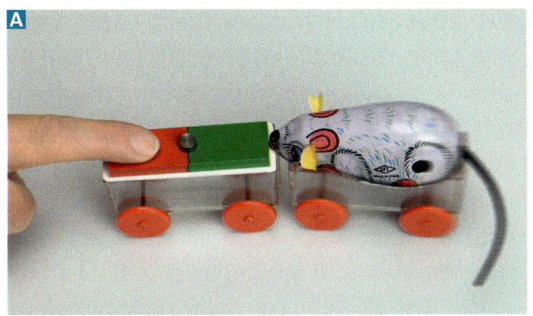

02 Wechselwirkung:
A Die Spielzeugmaus wird bei Annäherung vom Magneten angezogen.
B Der Magnet wird bei Annäherung von der Spielzeugmaus angezogen.

ALLTÄGLICHE BEGLEITER · Die gegenseitige Anziehung von Magneten und ferromagnetischen Körpern nutzen wir in vielen Lebensbereichen. Du findest Magnete an der Hafttafel im Klassenraum, aber auch in vielen Geräten: Bei Kühlschränken sorgen Magnetbänder in den Dichtungen dafür, dass die Tür verschlossen bleibt. Du kannst mit einem Magneten auch Zettel an die Kühlschranktür heften. In der Küche und im Werkraum sorgen Magnetschienen für Ordnung: Messer oder Werkzeuge lassen sich wie in ▸ Bild 03 sehr übersichtlich daran aufhängen.

Du findest Magnete auch in Magnetbaukästen oder an Spielzeugen wie in ▸ Bild 04.

MAGNETE HABEN POLE · Wirken eigentlich alle Stellen eines Magneten gleich stark auf ihre Umgebung? Diese Fragen kannst du mit einem Versuch wie in ▸ Bild 05 klären: Lege einen Stabmagneten in eine mit Nägeln gefüllte Box und hebe ihn dann wieder langsam an. Zahlreiche Nägel haften am Magneten – das gilt besonders für die Enden des Magneten. In der Mitte des Magneten haftet kaum ein Nagel.

Noch genauer kannst du dies untersuchen, indem du mit einem einzelnen Nagel am Magneten entlangfährst. Genau in der Mitte des Magneten wird der Nagel überhaupt nicht angezogen. Aber zu den Enden hin wird die Wirkung allmählich größer.

Auch anders geformte Magnete haben Stellen, an denen ihre magnetische Wirkung besonders groß ist. Die Stellen der stärksten Anziehung eines Magneten heißen Pole.

/// An den Polen eines Magneten ist seine Wirkung am größten.

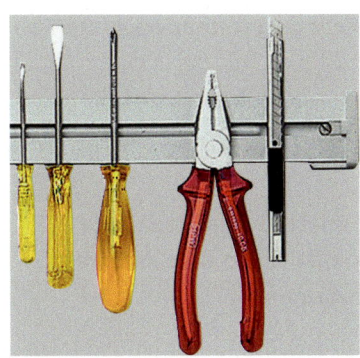

03 Werkzeuge an der Magnetschiene

04 Eisenbahn mit Magnetkupplungen

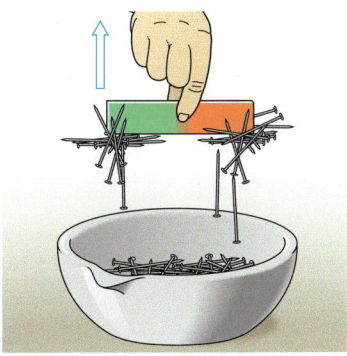

05 Nägel haften am Magneten.

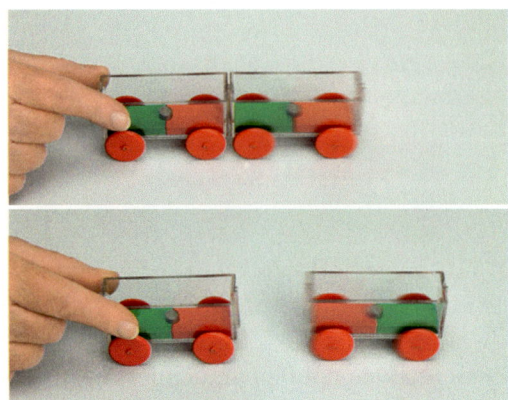

01 Magnete auf Wagen

02 Magnetnadel

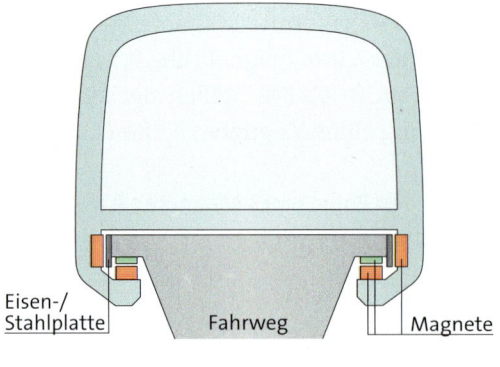

03 Prinzip einer Magnetschwebe-bahn

Eisen-/Stahlplatte   Fahrweg   Magnete

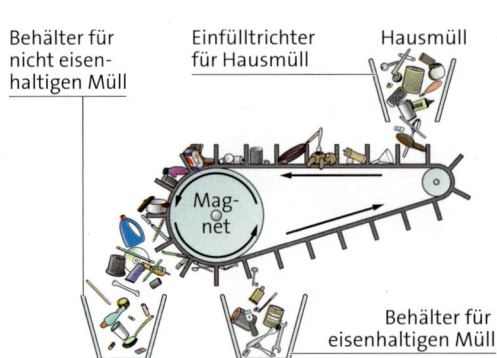

Behälter für nicht eisen-haltigen Müll

Einfülltrichter für Hausmüll

Hausmüll

Mag-net

Behälter für eisenhaltigen Müll

04 Müllsortier-maschine

DIE POLREGEL · Was geschieht, wenn zwei Magnete zusammenkommen? In ► Bild 01 siehst du mögliche Versuchsanordnungen, mit deren Hilfe wir diese Frage beantworten können. Beide Magnete liegen jeweils auf einem Wagen. Ihre Pole sind farblich ge-kennzeichnet.

Im oberen Foto liegt zunächst der rot mar-kierte Pol des linken Stabmagneten dem grün markierten Pol des rechten Stabmag-neten gegenüber. Wir beobachten, dass sich die beiden Magnete aufeinander zubewe-gen: Sie ziehen sich also gegenseitig an.

Im unteren Teil von ► Bild 01 liegen sich gleichfarbige Pole gegenüber. Die beiden Magnete stoßen einander ab!

Jeder der beiden Magnete hat also offen-bar zwei unterschiedliche Pole. Sie werden als **magnetischer Südpol** und **magnetischer Nordpol** bezeichnet. Man kennzeichnet den magnetischen Südpol in der Regel grün und den magnetischen Nordpol rot.

///// Jeder Magnet hat zwei unterschiedliche Magnetpole.
Polregel: Gleiche Pole stoßen sich ab, ungleiche Pole ziehen sich an.

Im ► Bild 02 siehst du eine drehbare Magnet-nadel. Die Nadel verhält sich wie ein Stab-magnet und stellt sich immer nach der Pol-regel ein. So lässt sich mit der Magnetnadel herausfinden, wo die Pole eines magnetisier-ten Körpers liegen.

1) Erläutere, wie die Magnetschwebe-bahn in ► Bild 03 über dem Fahrweg schweben kann.

2) Eine Firma entwickelt eine Müllsortier-maschine. Erläutere, wie die Maschine in ► Bild 04 funktioniert.

VERSUCHE ▶ Magnete

In den folgenden Versuchen untersuchst du die Wirkung eines Magneten auf verschiedene Gegenstände.

V1 Welche Münzen werden angezogen?

Material:

Magnet, verschiedene Gegenstände

Durchführung:

Teste selbst, welche Münzen vom Magneten angezogen werden. Lege hierzu eine Tabelle an. Finde auch heraus, aus welchem Material die jeweilige Münze besteht.

Münze	Material	Wird angezogen
2 Euro		
1 Euro		
1 Cent	Eisen, Kupfer	Ja

V2 Finde den Magneten!

Material:

Stabmagnet und ein gleich aussehender Eisenstab

Durchführung:

Vor dir liegen zwei völlig gleich aussehende Stäbe. Nur einer der Stäbe ist ein Magnet. Der andere besteht aus Eisen. Entwickle mit deinem Nachbarn einen Versuch, um ohne Hilfsmittel herauszufinden, welcher der beiden Stäbe der Magnet ist.

V3 Ironman-Frühstück

Material:

eisenhaltige Cornflakes, Plastikbeutel, Plastikschüssel, starker Magnet, heißes Wasser, Löffel oder Stößel

Durchführung:

Überprüfe, ob die Cornflakes tatsächlich mit Eisen angereichert sind. Zerstampfe die Cornflakes mit dem Stößel in einer Schüssel und fülle das Cornflakespulver in den Plastikbeutel. Gib Wasser dazu und lasse die Mischung 20 Minuten stehen. Kippe den verschlossenen Beutel dann vorsichtig auf die Seite. Was beobachtest du, wenn du nun mehrmals langsam mit einem Pol des Magneten an der Unterseite des Beutels entlangstreichst? Erkläre deine Beobachtung.

Material A ▶ Magnete

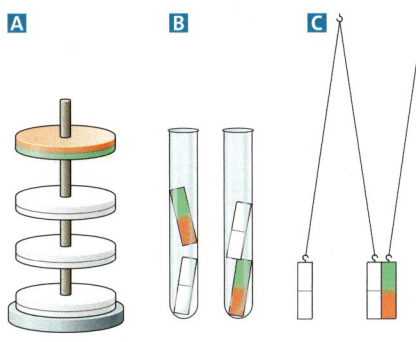

A1 a) Übertrage die Abbildung links in dein Heft und zeichne die fehlenden Pole ein.
b) Ergänze über den Magneten in Abbildungsteil B jeweils einen zusätzlichen Magneten (Südpol unten). Achte suf die Abstände.
c) Nun werden die Glasröhrchen einander angenähert. Erläutere die Auswirkungen.

A2 Max hängt einen Magneten an den Ausleger seines Spielzeugkrans. „Nun zieht der Magnet den Wagen aus Eisen an. Der Wagen fährt jetzt ohne weiteren Antrieb, oder? Ein Magnetomobil!"
a) Fährt das Magnetomobil wirklich? Stelle eine begründete Vermutung auf.
b) Überprüfe im Experiment.

01 Eisennägel werden von einer Schere angezogen.

Modell Elementarmagnete

Die Schere ist beim Hantieren mit einem Magneten selbst zu einem Magneten geworden. Nun kannst du mit der Schere mehrere Eisennägel anziehen und anheben. Wie ist es dazu gekommen?

MAGNETISIEREN · Vermutlich ist die Schere durch Berührung mit einem Magneten selbst zum Magneten geworden. Um zu überprüfen, ob man einen Körper auf diese Weise magnetisieren kann, streichen wir wie in ▸ Bild 02 mit einem Pol eines Stabmagneten über einen langen Eisennagel. Anschließend wirkt der Nagel wie ein Magnet und zieht z. B. Büroklammern aus Metall an. Die gleiche Wirkung lässt sich erzeugen, indem man den Nagel über einen Pol des Magneten zieht. Auch andere Gegenstände aus Eisen, Nickel und Kobalt lassen sich so magnetisieren.

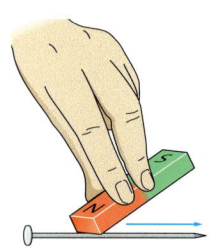

02 Ein Nagel wird magnetisiert.

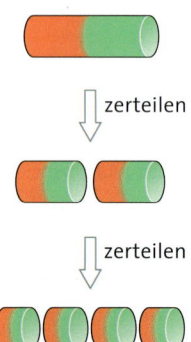

zerteilen

zerteilen

03 Die Teistücke des Nagels sind vollständige Magnete.

/// Ferromagnetische Körper kann man magnetisieren, indem man sie mit einem Pol eines Magneten überstreicht.

GIBT ES MAGNETE MIT NUR EINEM POL? · Die Magnete, die du kennst, haben einen Nordpol und einen Südpol. Der Nagel wurde aber nur mit *einem* der magnetischen Pole berührt. Hat der Nagel dadurch auch nur *einen* Pol erhalten? Wir überprüfen dies mit einer kleinen, drehbaren Magnetnadel. Der unterschiedliche Ausschlag der Magnetnadel zeigt: Der Nagel hat am einen Ende einen Nord- und am anderen Ende einen Südpol. Lassen sich die Pole voneinander trennen? Um das herauszufinden, zerteilen wir den magnetisierten Nagel. Die Untersuchung mit der Magnetnadel zeigt: Beide Bruchstücke haben jeweils einen magnetischen Nord- und einen Südpol. Egal wie oft wir das Zerteilen wiederholen, jedes noch so kleine Bruchstück ist wieder ein vollständiger Magnet mit Nord- und Südpol (▸ Bild 03).

/// Es gibt keinen Magneten mit einem einzelnen magnetischen Pol. Beim Zerteilen eines Magneten entstehen jeweils neue Magnete mit Nord- und Südpol.

DAS ELEMENTARMAGNETEMODELL · Wir führen unseren Versuch in Gedanken fort: Wenn wir die Bruchstücke immer weiter zerteilen, dann erhalten wir in diesem Gedankenexperiment immer kleinere Magnete. Die kleinstmöglichen Magnete nennen wir **Elementarmagnete.** Nach diesem **Modell** stellen wir uns vor, dass ein Magnet aus sehr vielen dieser Elementarmagnete besteht. Die Elementarmagnete haben jeweils einen festen Platz, können sich aber drehen. Wenn ein Eisennagel nicht magnetisiert ist, dann zeigen die Elementarmagnete in beliebige Richtungen wie in ▸ Bild 04 A. Hierdurch heben sich ihre Wirkungen nach außen hin auf. Anders verhält es sich bei einem magnetisierten Nagel: Seine Elementarmagnete befinden sich an den gleichen Stellen wie zuvor. Sie weisen jetzt aber alle in dieselbe Richtung (▸ Bild 04 B).

Mit diesem Modell können wir auch erklären, was beim Durchbrechen des magnetisierten Nagels geschieht: Wenn wir den Nagel durchbrechen, bleiben die Elementarmagnete wie in ▸ Bild 05 geordnet. An den Bruchstellen finden sich daher wieder magnetische Pole.

Kann unsere Modellvorstellung auch erklären, was beim Magnetisieren und Entmagnetisieren geschieht?

MAGNETISIEREN IM MODELL · In unserem nicht magnetisierten Eisennagel sind die Elementarmagnete zunächst ungeordnet. Wie in ▸ Bild 04 A zeigen sie in alle möglichen Richtungen. Nach außen ist keine magnetische Wirkung festzustellen. Erst wenn man mit einem Magneten über den Eisennagel streicht, dann richten sich die Elementarmagnete gleichsinnig aus: Alle Nordpole der Elementarmagnete zeigen nach rechts, alle Südpole zum anderen Ende. Dadurch addieren sich die Wirkungen der Elementar-

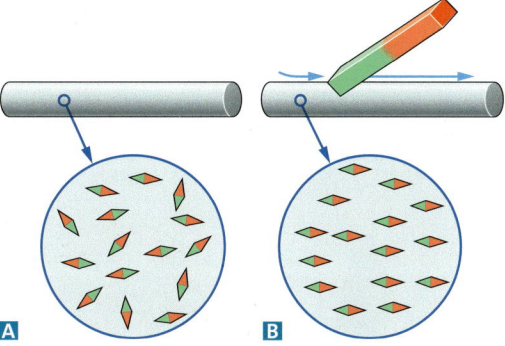

04 Modelle eines nicht magnetisierten und eines magnetisierten ferromagnetischen Körpers

magnete. Nur an den Enden bilden sich so die magnetischen Pole. Dadurch hat der Nagel an einem Ende einen Nordpol, am anderen einen Südpol erhalten. Der Nagel ist jetzt magnetisiert.

/// Nach dem Modell der Elementarmagnete stellt man sich die Magnetisierung eines ferromagnetischen Körpers als einheitliche Ausrichtung der Elementarmagnete vor.

1 ⌡ Nina und Marc magnetisieren einen Eisennagel. Marc behauptet: „Je öfter ich den Nagel über einen Magnetpol streiche, desto magnetischer wird der Nagel." Nina meint: „Einmal reicht!" Führe den Versuch mit deinem Nachbarn durch. Begründet euer Ergebnis im Modell.

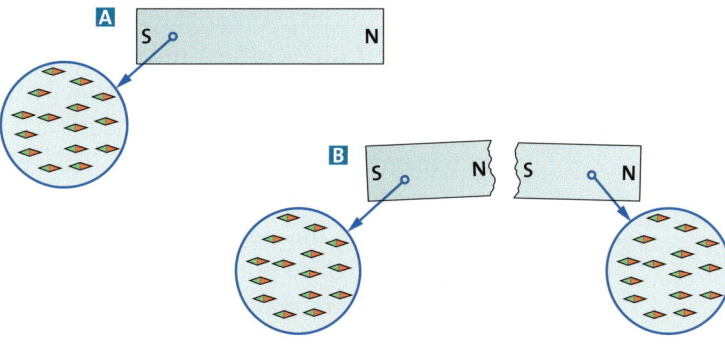

05 Durchbrechen eines magnetisierten Nagels im Modell

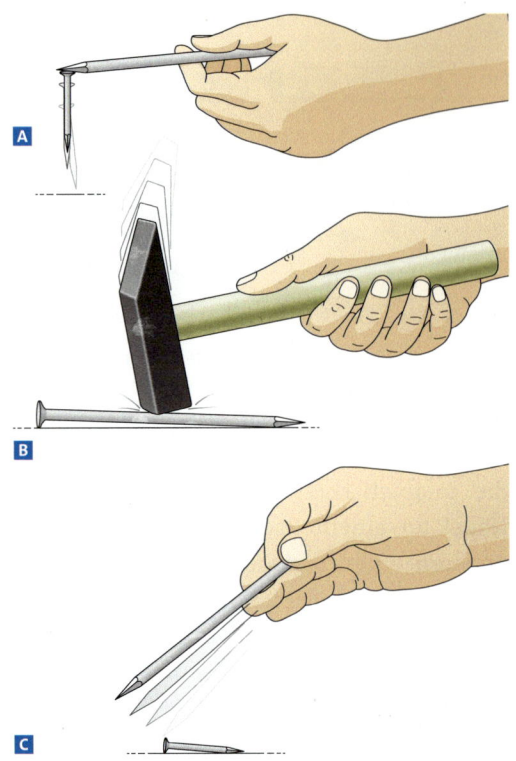

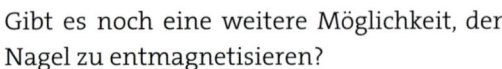

01 Entmagnetisieren durch Erschüttern

Gibt es noch eine weitere Möglichkeit, den Nagel zu entmagnetisieren?

Du weißt bereits, dass sich die Teilchen eines Stoffs nach dem Teilchenmodell bei hohen Temperaturen heftiger bewegen als bei Zimmertemperatur. Entmagnetisiert die heftigere Bewegung auch unseren Eisennagel?

Um dies zu klären, erhitzen wir den magnetisierten Nagel längere Zeit in der Flamme eines Bunsenbrenners. Die anschließende Prüfung mit der Magnetnadel zeigt: Wir haben eine weitere Möglichkeit gefunden, den Nagel zu entmagnetisieren.

In unserer Modellvorstellung werden durch das Erhitzen des Nagels die Elementarmagnete in Unordnung gebracht. Sie weisen anschließend in beliebige Richtungen.

/// Ein ferromagnetischer Körper wird durch Erschütterungen oder Erhitzen entmagnetisiert. Hierdurch werden die Elementarmagnete in seinem Inneren in Unordnung gebracht.

ENTMAGNETISIEREN IM MODELL · Bei einem magnetisierten Eisennagel sind nach unserer Modellvorstellung die Elementarmagnete des Eisennagels alle einheitlich ausgerichtet. Wenn wir den Nagel entmagnetisieren wollen, müssen wir die Elementarmagnete in Unordnung bringen. Aber wie schaffen wir das?

Wir versuchen es mit heftigen Erschütterungen. Hierzu legen wir den magnetisierten Nagel auf eine feste Unterlage, zum Beispiel ein Holzbrett, und schlagen mit einem Hammer mehrmals auf den Nagel. Anschließend testen wir wie in ▶ Bild 01C, ob der Nagel noch magnetisch ist. Nach einigen Schlägen hat der Nagel seine magnetische Wirkung verloren. Nach unserem Modell weisen die Elementarmagnete nun wieder in beliebige Richtungen. Ihre magnetischen Wirkungen heben sich nach außen hin auf und es gibt keine magnetischen Pole mehr.

Achtung: Verletzungsgefahr!

1 „Magnetpapier" hat eine speziell beschichtete Rückseite. Dadurch haftet es auf ferromagnetischen Flächen. Man benutzt das Papier, um damit Hinweis- und Werbeschilder zu drucken und anschließend an magnetisierbaren Flächen anzubringen. Tintenstrahldrucker sprühen beim Drucken winzige Tröpfchen auf die Papierschicht. Laserdrucker dagegen fixieren die Schrift- oder Bildpartikel bei hohen Temperaturen. Erkläre, warum man Magnetpapier nicht mit Laserdruckern bedrucken soll.

2 „Bitte die Magnete nicht fallen lassen!" Begründe diese Regel mithilfe des Modells der Elementarmagnete.

VERSUCHE ► Magnetisieren und Entmagnetisieren

In den folgenden Versuchen untersuchst du, wie Magneten aufeinander einwirken.

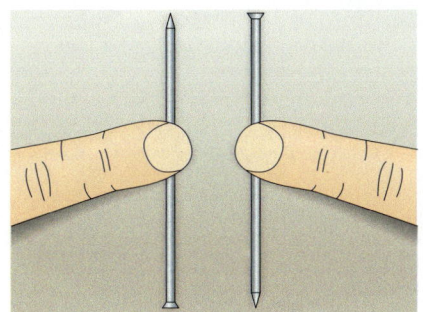

V1 Magnetisiere Eisennägel

Material:

zwei Nägel aus Eisen mit möglichst kleinem Kopf, Magnet

Durchführung:

Magnetisiere die beiden Nägel. Nun schiebe die Nägel wie im Bild langsam aufeinander zu. Wenn die Nägel nur noch einen Zentimeter voneinander entfernt sind, nimm beide Finger weg und überlasse die Nägel sich selbst. Wiederhole den Versuch, nachdem du einen der Nägel umgedreht hast.

a) Erkläre die Magnetisierung der Nägel mit dem Modell der Elementarmagnete.

b) Nenne und erkläre deine Beobachtung.

V2 Büroklammer am Faden

Material:

zwei Stabmagnete, Stativ, an einem Faden aufgehängte Büroklammer

Durchführung:

Nähere die an einem Faden hängende Büroklammer zunächst einem Stabmagneten. Die Klammer soll wie im Bild angezogen werden, ohne den Magneten zu berühren. Nun schiebe langsam den zweiten Stabmagneten an den ersten Magneten heran und beobachte die Wirkung. Wiederhole den Versuch. Drehe den zweiten Magneten diesmal um.

Beschreibe und erkläre, was du gesehen hast.

V3 Ein Modell zum Anfassen

Material:

Reagenzglas, Eisenfeilspäne, Kompassnadel, Stabmagnet

Durchführung:

Fülle das Reagenzglas mit Eisenfeilspänen und verschließe es.

a) Magnetisiere den Inhalt des Reagenzglases. Überprüfe die Magnetisierung mit der Kompassnadel.

b) Schüttle nun das Reagenzglas und überprüfe erneut mit der Magnetnadel.

c) Stelle in einer Tabelle dar,
– was dieses Modell gut veranschaulicht,
– wo du Grenzen des Modells siehst.

Präsentiere deine Ergebnisse.

Material A ► Magnetisieren und Entmagnetisieren

A1 Jans Hausschlüssel ist durch das schwere Gitter des Abtreters gefallen. Jan kann das Gitter nicht anheben. Ein Magnet passt nicht durch die Löcher des Gitters. Erläutere, wie Jan seinen Schlüssel dennoch mit einem Magneten und einem langen Schraubendreher zurückbekommen kann.

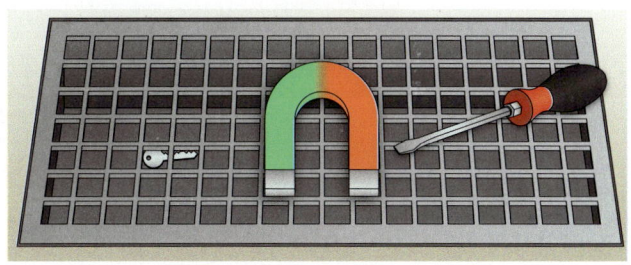

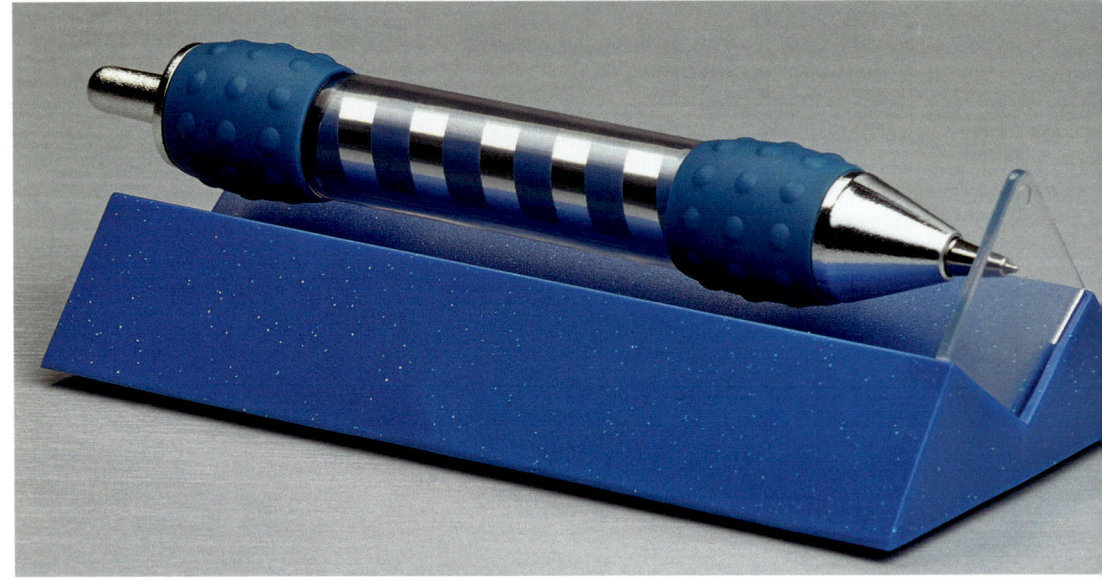

01 Warum schwebt der Stift?

Magnetfeld

Der Stift schwebt frei über der schwarzen Unterlage. Auf den ersten Blick ist das überraschend. Aber vielleicht vermutest du es schon: In der Unterlage und im Stift befinden sich Magnete. Wirken Magnete auch über diese Entfernung hinweg?

WIRKUNG OHNE DIREKTEN KONTAKT · Wir untersuchen genauer, über welche Entfernung Magnete aufeinander wirken. Dazu legen wir einen Stabmagneten auf einen Wagen und nähern ihm vorsichtig einen zweiten Stabmagneten. Bereits in einiger Entfernung, also lange bevor sich die Magnete berühren, beobachten wir die magnetische Wirkung: Entsprechend der Polregel wird der Wagen mit dem Magneten angezogen oder abgestoßen.

Mit einer drehbar gelagerten Magnetnadel können wir die magnetische Wirkung wie in ► Bild 02 in noch größerer Entfernung beobachten. Je empfindlicher ein Messgerät ist, desto größer ist der Abstand, in dem man die Wirkung eines Magneten noch messen kann: Sie lässt zwar mit der Entfernung nach, reicht aber unendlich weit.

In der Umgebung eines Magneten gibt es also eine magnetische Wirkung auf andere Magnete und magnetisierbare Körper. Man sagt: Der Magnet hat ein Magnetfeld.

/// Magnete werden von einem unsichtbaren Magnetfeld umgeben. Hier wirken magnetische Anziehung und Abstoßung ohne direkten Kontakt.

Nun können wir erklären, warum der Stift in ► Bild 01 schwebt: Die in Stift und Unterlage eingelassenen Magnete stoßen sich auch über größere Entfernung hinweg ab.

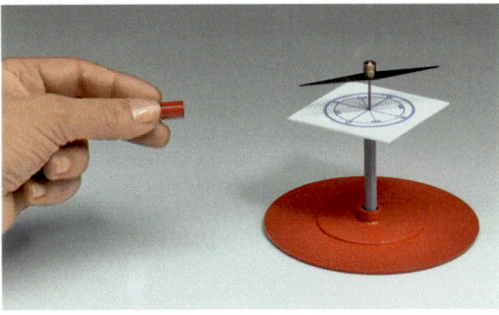

02 Magnet und Magnetnadel

DAS MAGNETFELD · Wir wissen bereits, dass es in der Umgebung des Magneten Anziehung und Abstoßung gibt. Können wir das Magnetfeld auch sichtbar machen? Hierzu untersuchen wir, wie ein Stabmagnet auf einen magnetisierten Nagel wirkt. Dazu befestigen wir den Stabmagneten am Rand eines Wasserbeckens (▸ Bild 03). Der magnetisierte Nagel steckt in einem Schwimmkorken. Sein oberes Ende ist der magnetische Nordpol. Es ist den Polen des Stabmagneten stets näher als der unter Wasser liegende Südpol. Deshalb wirkt der Stabmagnet vor allem auf den Nordpol des schwimmenden Magneten.

Wenn wir den Nagel beim Nordpol des Stabmagneten im Wasser loslassen, wird er zunächst abgestoßen. Er bewegt sich langsam auf einer geschwungenen Bahn vom Nordpol weg und schließlich zum Südpol des Stabmagneten hin. Wenn wir den Versuch mehrfach wiederholen, beobachten wir verschiedene Bahnen. So können wir uns nach und nach ein Bild vom Magnetfeld machen. Aber wir haben noch andere Möglichkeiten, uns einen Überblick über das Magnetfeld eines Stabmagneten zu verschaffen: Hierzu nutzen wir Magnetnadeln oder Eisenspäne auf einer Glasplatte (▸ Bild 04 A, B). Die magnetisierten Eisenspäne ordnen sich so an, dass man sich dazu passende geschwungene Linien vorstellen kann.

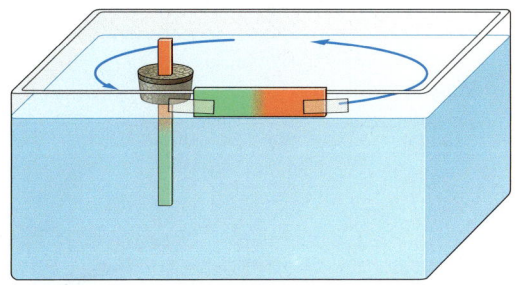

03 Schwimmender Magnet im Magnetfeld

DAS FELDLINIENMODELL · Die geschwungenen Linien denkt man sich nicht nur dort, wo sie zufällig sichtbar gemacht werden, sondern überall im Magnetfeld. Sie heißen **Feldlinien.** Mithilfe solcher Linien können wir uns Magnetfelder besser vorstellen und in Zeichnungen darstellen. Magnetnadeln richten sich im Magnetfeld immer entlang der gedachten Feldlinien aus. Die Pfeilspitze an einer Feldlinie weist in die Richtung, in die sich die Magnetnadel mit dem Nordpol ausrichtet, wie im Feldlinienbild in ▸ Bild 04 C.

/// Magnetnadeln oder Eisenspäne richten sich im magnetischen Feld entlang der (gedachten) Feldlinien aus. Feldlinienbilder verdeutlichen die magnetische Wirkung in der Umgebung eines Magneten.

1 」 Unter einem Tisch ist ein Stabmagnet angebracht. Erläutere, wie du seine genaue Lage herausfinden kannst, ohne nachzusehen.

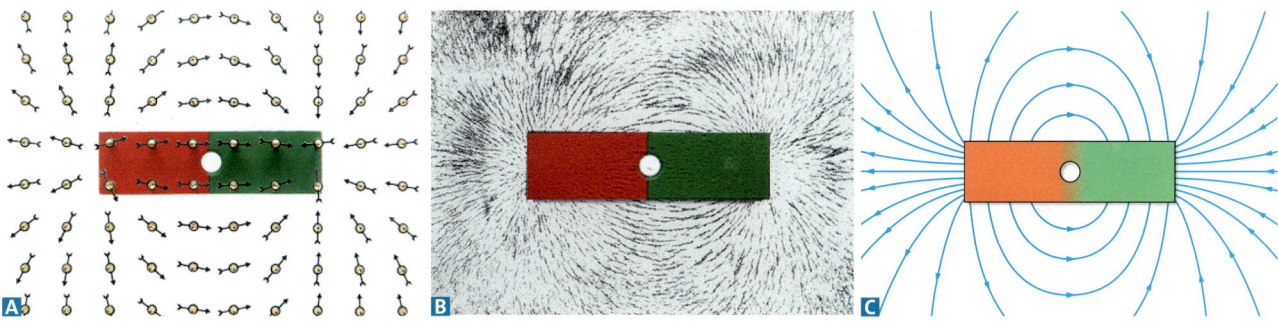

04 Veranschaulichung des Magnetfelds eines Stabmagneten durch Magnetnadeln, Eisenspäne und im Feldlinienmodell

/// BLICKPUNKT //

Auch die Erde hat ein Magnetfeld

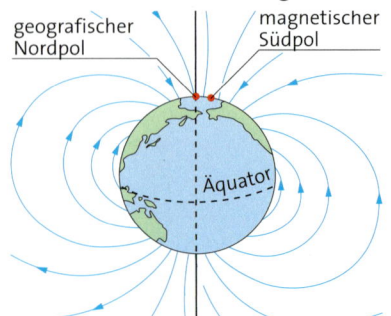

01 Erdmagnetfeld

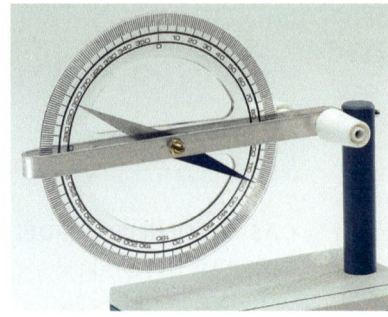

02 Inklinationsnadel

03 Kompass

Das Erdmagnetfeld · Kompassnadeln richten sich in Nord-Süd-Richtung aus. Wenn man einen Magneten an einen Faden hängt, dann richtet er sich ebenfalls allmählich in Nord-Süd-Richtung aus. Deshalb nennt man die Pole eines Magneten Nordpol und Südpol.

Im Altertum nahm man an, der Polarstern sei die Ursache der Auslenkung von Magnetnadeln. Im 16. Jahrhundert wurde ein riesiger „Magnetberg" im Nordmeer vermutet. Heute wissen wir: Ursache für die Auslenkung der Magnetnadeln ist ein Magnetfeld, das die gesamte Erde umgibt (▸ Bild 01). Es ähnelt dem Feld eines Stabmagneten. Dabei verlaufen die Feldlinien in unseren Breiten nicht parallel zur Erdoberfläche. In Deutschland münden sie schräg in den Erdboden. Mit einer speziellen Magnetnadel (▸ Bild 02) kannst du den Verlauf der Feldlinien prüfen. Den Winkel zwischen der Horizontalen und den Feldlinien nennt man **Inklination.**

Der Pol liegt nicht am Pol · ▸ Bild 01 zeigt auch: Die Verbindungslinie der magnetischen Pole ist gegenüber der Drehachse der Erde leicht geneigt. Der magnetische Pol liegt nicht am geografischen Pol, sondern nur in dessen Nähe.

Wenn ein Flugzeug in die vom Kompass als „Norden" angezeigte Richtung fliegt, landet es auf einer etwa 1670 km vom Nordpol entfernten kanadischen Insel. Diese Abweichung nennt man **Missweisung.**

Orientierung mit Kompass und GPS · Viele Tierarten orientieren sich am Magnetfeld der Erde. Besonders einige Zugvögelarten haben einen empfindlichen Magnetsinn, den der Mensch nicht besitzt.

Bereits im 11. Jahrhundert nutzten die Chinesen das Erdmagnetfeld zur Navigation ihrer Schiffe mithilfe eines Kompasses. Noch heute verwenden viele Outdoor-Sportler, Wanderer und Pfadfinder einen Kompass wie in ▸ Bild 03. Aber das GPS (Global Positioning System) verdrängt die Orientierung mit dem Kompass zunehmend. Auch Autofahrer und Fußgänger vertrauen heute zur Orientierung vielfach auf Navigationsgeräte oder Smartphones mit GPS. Dabei ermitteln und aktualisieren die GPS-Geräte ständig ihren Standort mithilfe der Signale mehrerer Satelliten.

1 ˧ Baue einen „Schwimmkompass" mit einer magnetisierten, durch eine Korkscheibe geschobenen Nadel. Lege deinen Kompass vorsichtig auf eine Wasseroberfläche. Teste an verschiedenen Stellen im Wohnraum und im Freien, ob dein Kompass zuverlässig funktioniert.

2 ˧ Eine Eisenstange lässt sich auch durch Schläge mit einem Hammer auf eines ihrer Enden im Magnetfeld der Erde magnetisieren. Wie musst du die Stange dabei halten? Begründe deine Vermutung.

VERSUCH ► Wie kann man Magnetfelder abschirmen?

Viele empfindliche Geräte muss man gegen Magnetfelder abschirmen, damit sie richtig funktionieren. Teste selbst, welche Materialien hierzu benutzt werden könnten.

V1 Abschirmumg der magnetischen Wirkung

Material:

Magnet, Büroklammer aus Metall, verschiedene Gegenstände, z. B. Papier, Holzplatte, Aluminiumplatte, Eisenplatte, Trinkglas, PET-Flasche

Durchführung:

Halte das jeweilige Material wie im Bild zwischen Magnet und Büroklammer. Trage deine Beobachtungen in eine Tabelle. Vergleiche deine Ergebnisse mit denen deiner Mitschüler und formuliert gemeinsam einen Merksatz.

Material A ► Das Magnetfeld

A1 Übertrage das Bild unten in dein Heft.
a) Zeichne an den markierten Stellen ein, wie sich eine Magnetnadel dort ausrichtet.
b) Zeichne diejenigen Feldlinien ein, die durch die markierten Stellen laufen.
c) Was verändert sich beim Umdrehen des Magneten?

A2 Im unteren Bild fehlt der Stabmagnet. Übertrage das Bild in dein Heft.
a) Zeichne den fehlenden Magneten und weitere Kompassnadeln ein.
b) Skizziere die Feldlinien.
c) Erläutere, wie die Feldlinien auf der linken Seite des Magneten verlaufen.

A3 Die beiden Bilder zeigen jeweils zwei sich gegenüberliegende magnetische Pole, umgeben von Eisenfeilspänen.
a) Skizziere jeweils das entsprechende Feldlinienbild.
b) Gib an, welche magnetischen Pole sich gegenüberliegen.
c) Markiere die Richtung der Feldlinien mit Pfeilspitzen.

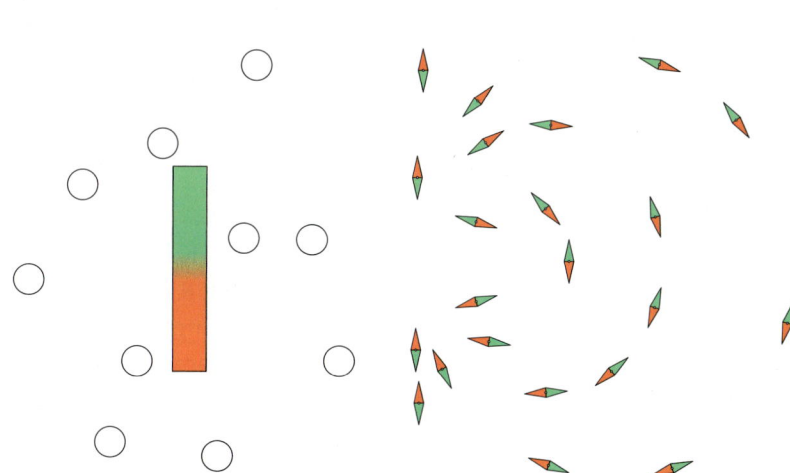

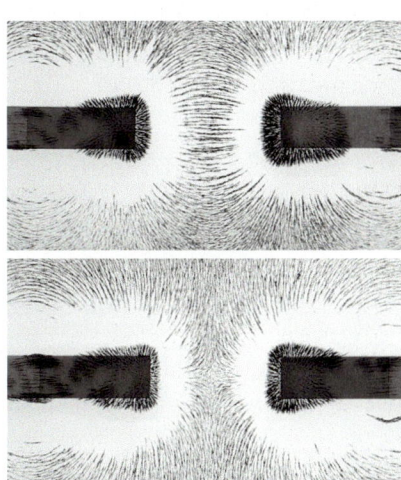

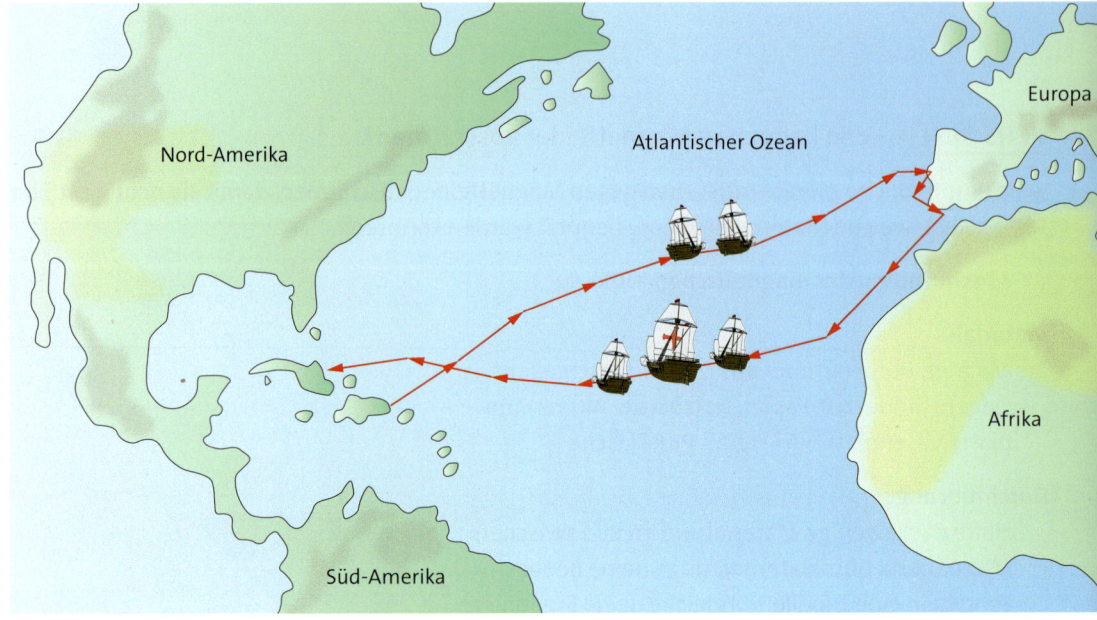

01 Route des KOLUMBUS bei seiner Entdeckungsfahrt nach Amerika

Kompass

02 Wenn du einen Stabmagneten an einen Faden hängst, dann weist er in Nord-Süd-Richtung.

Am 3.8.1492 brach KOLUMBUS mit drei Segelschiffen von Spanien nach Westen auf, um einen Seeweg nach Indien zu finden. Ein Kompass sollte den Weg weisen. Doch mitten auf dem Atlantik schien die Kompassnadel immer mehr nach Nordwesten zu zeigen, je weiter sie vordrangen. Die Mannschaft machte sich Sorgen, da selbst KOLUMBUS sich dieses Verhalten des Kompasses nicht erklären konnte.

SO FUNKTIONIERT DER KOMPASS · Das Kernstück eines Kompasses ist eine Magnetnadel. Sie orientiert sich nach magnetischen Feldlinien, wie der Stabmagnet in ▸ Bild 02.

/// Eine Magnetnadel richtet sich entlang magnetischer Feldlinien aus.

Die Erde ist von einem Magnetfeld umgeben. Das Feldlinienbild der Erde ähnelt dem eines Stabmagneten (▸ Bild 03). Die Magnetnadel richtet sich im Magnetfeld der Erde aus. Am arktischen Magnetpol zeigen die Feldlinien senkrecht in die Erde. Dieser Pol liegt in Nordkanada. Da der Nordpol der Magnetnadel dorthin zeigt, befindet sich in Nordkanada physikalisch ein magnetischer Südpol. Der Südpol der Magnetnadel zeigt zum antarktischen Magnetpol. Er liegt vor der Küste der Antarktis in Richtung Australien. In Europa zeigt der Kompass ziemlich genau nach Norden. Daher waren KOLUMBUS und seine Seeleute so überrascht, als der Kompass mitten auf dem Atlantik nach Nordwesten zeigte.

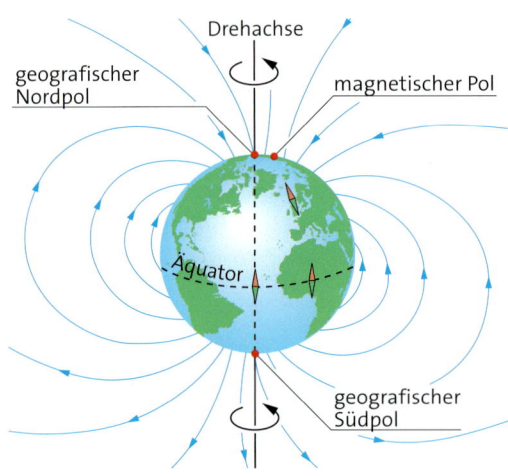

03 Magnetische Feldlinien der Erde

SO ENTDECKTE KOLUMBUS DEN FEHLER ·
Die Erde dreht sich um ihre Achse (▸ Bild 03).
Daher scheinen sich alle Sterne am Himmel
von Osten nach Westen zu bewegen. Nur der
Stern senkrecht über der Drehachse scheint
still zu stehen (▸ Bild 04). Das ist der Polarstern. Er steht senkrecht über dem geografischen Nordpol. Das ▸ Bild 07 zeigt, wie du ihn
findest. Der geografische Nordpol liegt auf
der Drehachse. Daher steht der Polarstern
still – genau im Norden. Durch Vergleich der
Kompassnadel mit der Position des Polar-
sterns konnte KOLUMBUS den Fehler in der
Anzeige des Kompasses erkennen.

SO ENTSTEHT DAS ERDMAGNETFELD ·
Bei einem Vulkanausbruch kommt es gelegent-
lich zu Blitzen, selbst wenn es dort gar keine
Gewitterwolken gibt (▸ Bild 05). Die Elektrizität des Blitzes entsteht anscheinend durch
die Lava, die der Vulkan herausschleudert.
Das heiße, flüssige Gestein in der Erde kann
offenbar auch Elektrizität hervorrufen. Darüber hinaus kann das flüssige Gestein des
Erdinneren auch Magnetismus erzeugen.
Das flüssige Innere der Erde strömt und verschiebt sich. Dadurch verändert sich das Erdmagnetfeld im Laufe der Jahre. In den letzten
hundert Jahren verschob sich der arktische
Magnetpol um 1100 Kilometer (▸ Bild 06).

1) Entwickle einen Versuch, durch den
man den Nordpol einer magnetisierten
Nähnadel mithilfe des Erdmagnetfelds
bestimmen kann.

2) Erkläre, warum die Sterne am Himmel
kreisförmige Spuren auf einer Langzeitaufnahme erzeugen.

3) Berechne, wie weit der arktische Magnetpol während der letzten hundert
Jahre im Mittel pro Jahr wanderte.

04 Langzeitaufnahme des Nachthimmels: Die Sterne erzeugen kreisförmige Spuren und scheinen sich in 24 Stunden einmal um den Polarstern zu drehen.

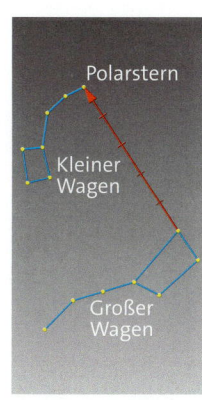

07 Wenn du die Hinterachse um den Faktor 6 verlängerst, dann gelangst du zum Polarstern.

05 Lavablitze bei einem Vulkanausbruch

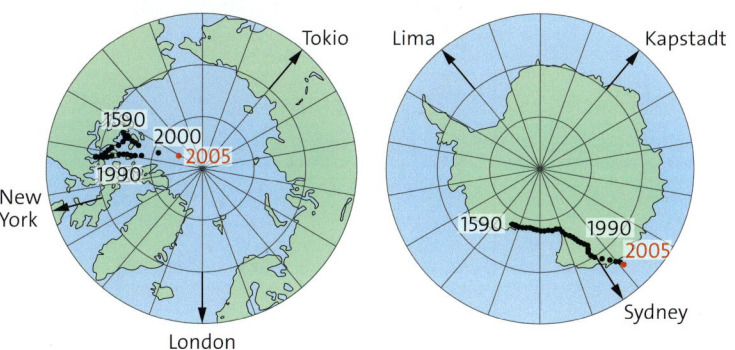

06 Verschiebung der Magnetpole: Die Pole bewegten sich auf den dargestellten Bahnen.

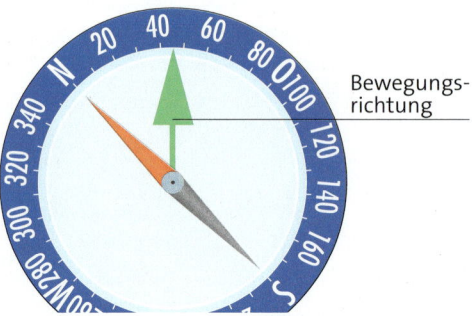

01 Leistungsfähige Minicomputer oder Smartphones bestimmen die Richtung der magnetischen Feldlinien durch einen elektronischen Kompass.

02 Ein Kompass mit Windrose zeigt alle Himmelsrichtungen zugleich an.

Bewegungsrichtung

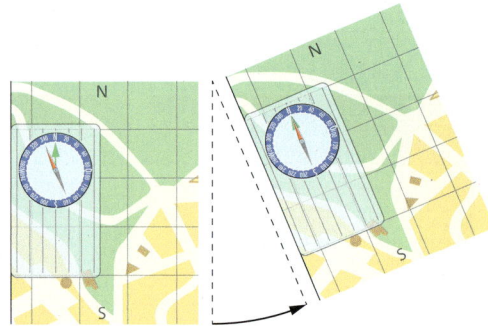

03 Der obere Rand einer Landkarte stellt Norden dar und wird im Gelände nach Norden gedreht.

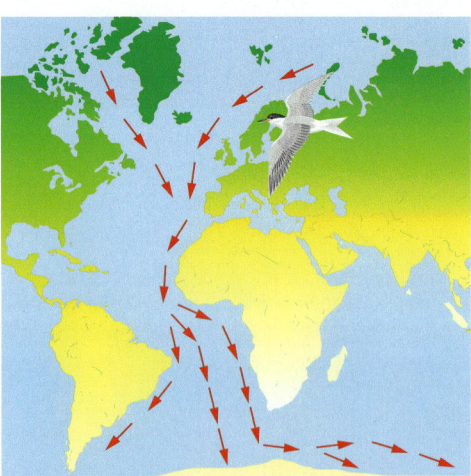

04 Die Küstenseeschwalbe fliegt quer über den Atlantik. Dabei kann sie sich nicht an Küstenlinien orientieren, sondern nutzt ihren Magnetsinn.

Navigation mit Magnetismus

Durch die Windrose im Kompass erkennst du alle Himmelsrichtungen zugleich. Beispielsweise ist im ▸ Bild 02 Nordwesten links. Als Wanderer oder Bootsfahrer kannst du deine aktuelle Bewegungsrichtung ablesen – im Bild ist es Nordost. Anschließend kannst du deine Richtung korrigieren oder beibehalten.

Mit einem Kompass kannst du eine Landkarte nach Norden ausrichten (▸ Bild 03). Das nennt man Einnorden. Leistungsfähige mobile Minicomputer oder Smartphones enthalten einen Kompass (▸ Bild 01). Sie drehen mit dessen Hilfe eine Landkarte in die passende Richtung. Ein solcher Kompass stellt die Ausrichtung des magnetischen Felds elektronisch fest.

Auch Tiere orientieren sich mithilfe des Magnetfelds der Erde. Die Küstenseeschwalbe fliegt zweimal jährlich über den Atlantik (▸ Bild 04). Sie hat einen Magnetsinn, mit dem sie das Magnetfeld wahrnehmen kann. Die Küstenseeschwalbe kann so jederzeit ihren Kurs bestimmen und korrigieren. Ähnlich wie andere Zugvögel kann sie auch den Stand der Sterne nutzen. Die Küstenseeschwalbe zieht nicht nur über den gleichen Ozean wie seinerzeit KOLUMBUS, sie nutzt auch die gleichen Navigationsarten.

1 ͵ Der Nutzer eines Smartphones möchte nach Westen wandern. Er hält sein Smartphone in Bewegungsrichtung (NW, ▸ Bild 01). Gib an, in welche Richtung er sich drehen sollte.

2 ͵ Erläutere, wozu ein Minicomputer neben der Position auch die Richtung des Erdmagnetfelds anzeigt.

VERSUCHE ► Bau eines Kompasses

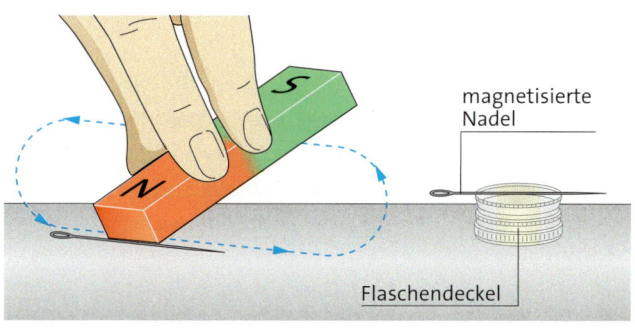

magnetisierte Nadel

Flaschendeckel

Material:

Flaschendeckel, Nadel, Klebestreifen, Magnet, Becher mit Wasser

Durchführung:

Magnetisiere die Nadel. Klebe die Nadel auf den Flaschendeckel und lasse ihn auf dem Wasser schwimmen.

V1 Bestimme die vier Himmelsrichtungen. Fertige dazu eine Skizze an.

V2 Stelle mit deinem Kompass fest, an welchem Ende der Magnet den Nordpol hat

Material A ► Missweisung

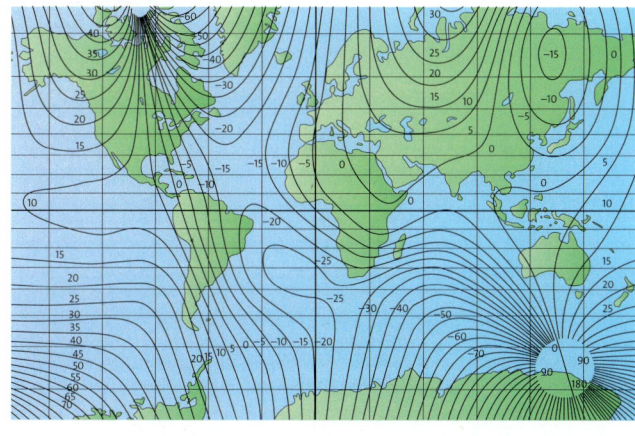

Nach KOLUMBUS hat man die Fehlanzeige des Kompasses, die so genannte Missweisung, auf der ganzen Erde bestimmt (► Bild links). Beispielsweise zeigt die Kompassnadel in Irland 10° zu weit nach Westen. Der Kurs muss entsprechend um 10° nach Osten korrigiert werden.

A1 Gib die typische Missweisung für Deutschland an.

A2 Gib die maximale Missweisung auf der Route des KOLUMBUS an.

A3 Nenne Ursachen für die Missweisung.

Material B ► Kreuzpeilung

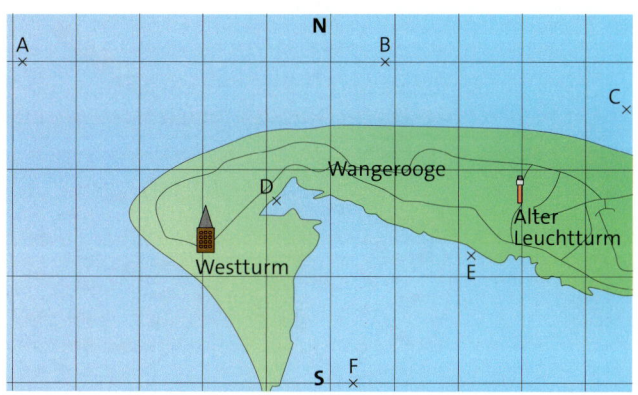

B1 Ein Segler sieht den Westturm im Südwesten und den alten Leuchtturm im Südosten. Gib an, an welcher der Positionen A bis F im Bild links sich der Segler befindet.

B2 Dieses Verfahren der Ortsbestimmung heißt Kreuzpeilung. Erläutere, wie man die Position mithilfe von zwei Geraden bestimmen kann.

Eigenschaften von Magneten

Magnetische Wirkung: Magnete haften an Gegenständen, die Eisen, Nickel oder Kobalt und einige andere Stoffverbindungen (zum Beispiel mit Neodym) enthalten. Gegenstände aus solchen Stoffen nennt man **ferromagnetisch.**
Ein Magnet und ein ferromagnetischer Gegenstand ziehen sich gegenseitig an.

Magnetische Pole: Jeder Magnet hat mindestens zwei verschiedene Pole.
Sie heißen magnetischer Nordpol und magnetischer Südpol. Die Pole sind die Stellen, an denen der Magnet die größte magnetische Wirkung hat.
Es gibt keine Magnete mit nur einem Magnetpol.
Ungleiche Pole ziehen sich gegenseitig an, gleiche Pole stoßen sich ab.

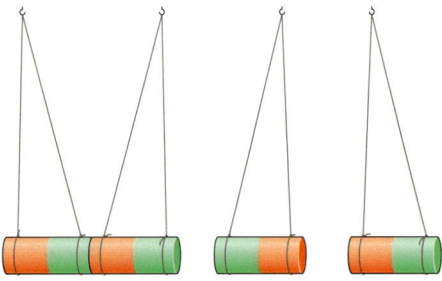

Magnetfeld: Ein Magnet wirkt auch über große Entfernungen hinweg auf andere Magnete oder ferromagnetische Gegenstände. Dabei nimmt die Wirkung mit der Entfernung ab. Die magnetische Wirkung über Entfernungen hinweg beschreibt man mit dem Magnetfeld.

Magnetnadeln ordnen sich in einem Magnetfeld in bestimmten Mustern an. Dieses Muster kann man mithilfe von Feldlinien beschreiben. Hierbei handelt es sich um gedachte Linien, die vom magnetischen Nordpol zum magnetischen Südpol verlaufen.
Die Richtung einer Feldlinie entspricht der Richtung, in die der Nordpol einer Magnetnadel auf dieser Feldlinie zeigt. Magnetische Feldlinien schneiden sich nicht.

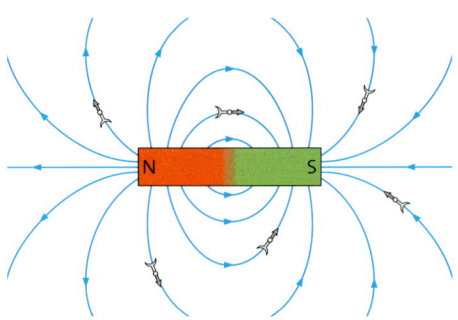

Elementarmagnetemodell: In der Modellvorstellung sind Elementarmagnete im Inneren von ferromagnetischen Gegenständen enthalten. Dabei handelt es sich um kleine, nicht mehr teilbare magnetische Bereiche mit zwei Polen.
In einem unmagnetisierten Gegenstand liegen die Elementarmagnete völlig ungeordnet vor.
In einem Magneten sind die Elementarmagnete regelmäßig angeordnet. Sie zeigen mit ihrem Nordpol in dieselbe Richtung.

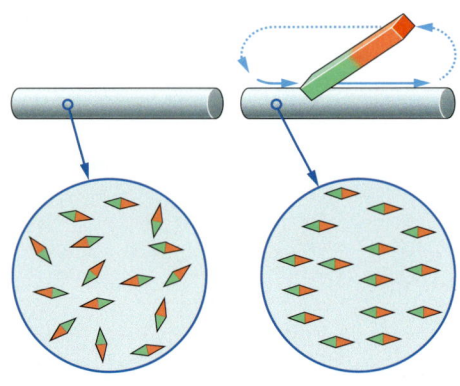

Magnetisieren: Mit einem Magneten kann man die Elementarmagnete im Inneren von ferromagnetischen Gegenständen gleichmäßig ausrichten. Dies nennt man Magnetisieren. Dadurch wird der Gegenstand selbst zum Magneten.
Gegenstände können auch wieder entmagnetisiert werden.

Orientierung mit Magneten

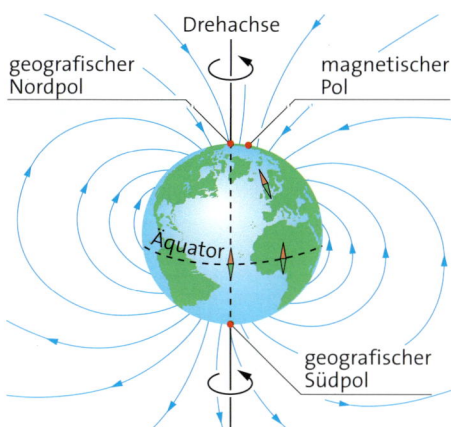

Magnetfeld der Erde: Die Erde ist von einem Magnetfeld umgeben.
Der magnetische Südpol der Erde liegt in der Arktis. Der magnetische Nordpol der Erde liegt in der Antarktis.
Außerhalb der Polarregionen zeigen die magnetischen Feldlinien ungefähr in nördliche Richtung.

Kompass: Der Magnetkompass hat eine Kompassnadel, diese zeigt außerhalb der Polarregionen nach Norden. Beim Laufen oder Fahren kann man damit die gewünschte Fahrtrichtung einhalten. Mit dem Kompass kann man eine Landkarte richtig ausrichten, man sagt einnorden. Auch viele Vögel orientieren sich mithilfe des Erdmagnetfelds.

STICHWORTVERZEICHNIS

BILDQUELLENVERZEICHNIS